Victor BARRUCAND

LE
PAIN GRATUIT

AVEC DES ARTICLES DE

HENRI ROCHEFORT, G. CLEMENCEAU
GUSTAVE GEFFROY, GEORGES MONTORGUEIL
JULES LERMINA, ÉLISÉE RECLUS, KROPOTKINE

PRIX : **Un Franc**

PARIS
CHAMUEL, ÉDITEUR
5 — RUE DE SAVOIE — 5

1896

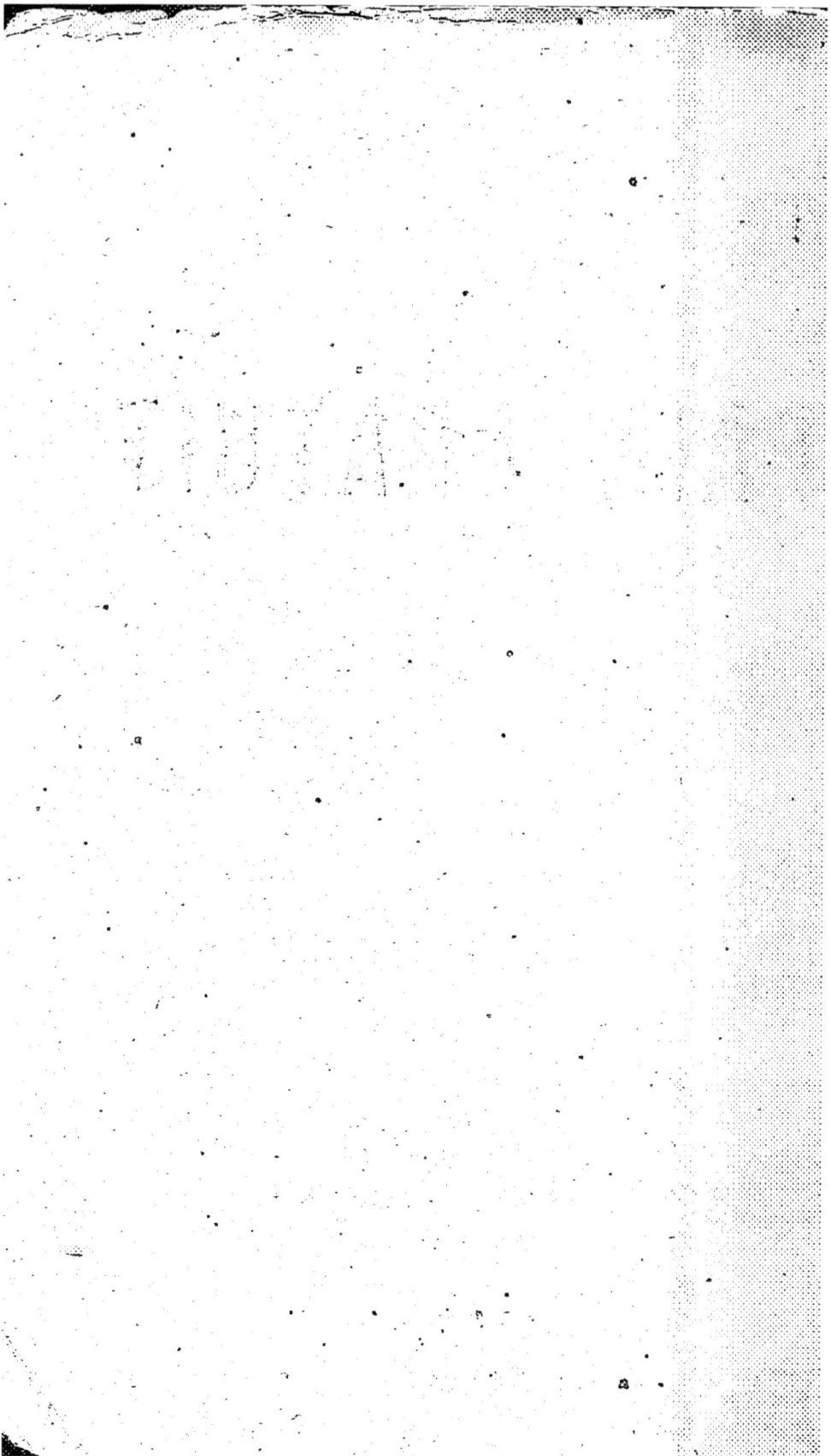

LE PAIN GRATUIT

Victor BARRUCAND

LE
PAIN GRATUIT

Un franc

PARIS

CHAMUEL, ÉDITEUR

5 — RUE DE SAVOIE — 5

1896

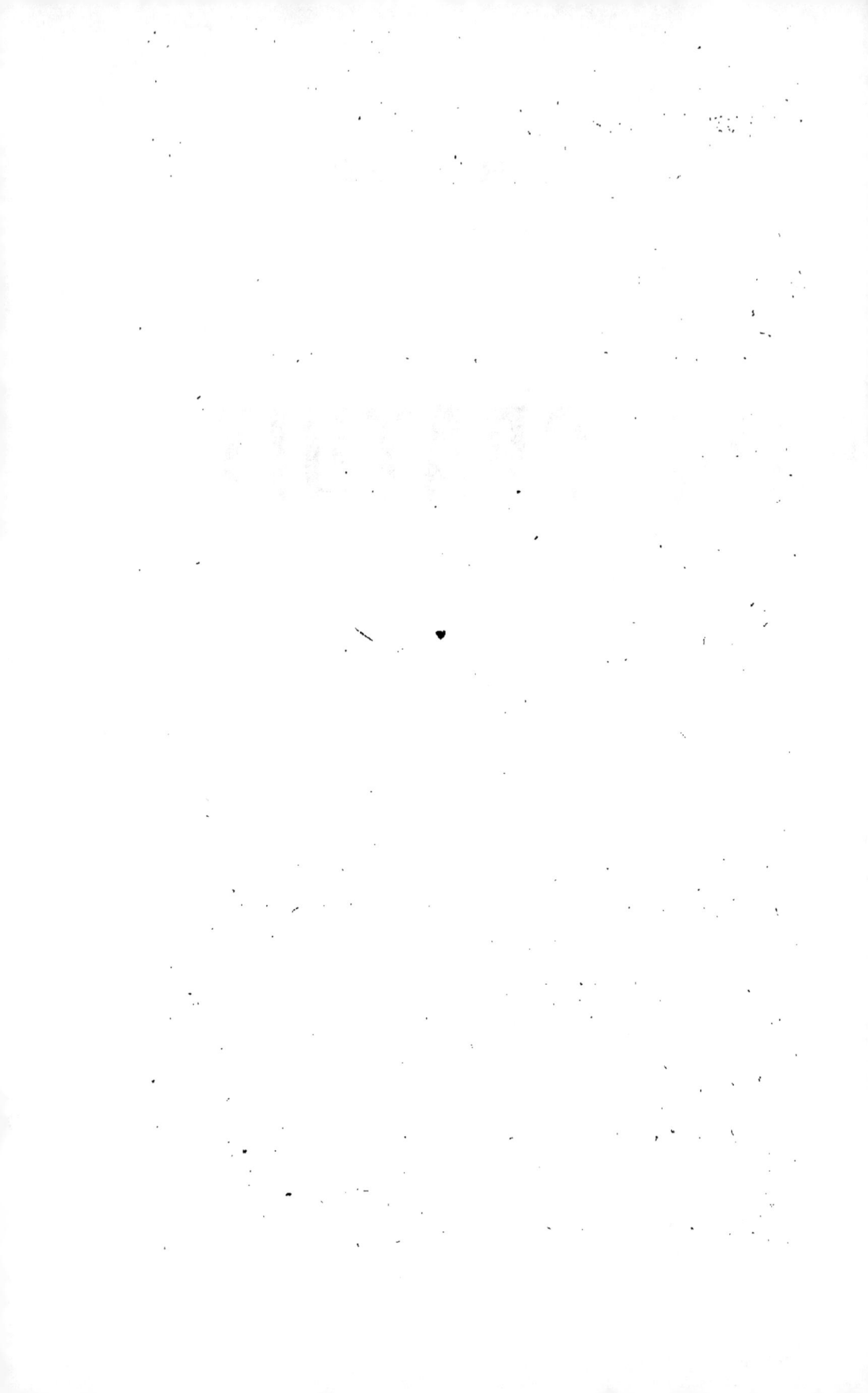

♥

CHAPITRE I

AUX HOMMES NOUVEAUX

Si, las de souffrir et de voir souffrir, vous avez recherché ce qui dans cette misère est la faute de l'homme, après avoir fait la part de la fatalité, et si, conscients de votre force libre, vous avez protesté par quelque moyen que ce soit contre le crime social, vous êtes des ouvriers de la Révolution. Il se peut que vous soyez divisés sur le choix des tactiques qui doivent amener la transformation dont vous sentez la nécessité, mais l'unité de vos efforts réside dans le généreux malaise qui vous inspire.

— C'est parce que nous sentons en nous-
mêmes une humanité différente de celle
qui se soumet à son sort, sans protester,
que nous vivons dans l'inquiétude et nous
efforçant à modifier notre milieu bien plus
qu'à nous y adapter.

Aux termes du code qui nous régit,
l'ordre social repose sur un principe contradictoire : le respect de la vie humaine
et de la propriété. D'une façon générale,
ce principe n'a pas été contesté par les révolutions acquises, et c'est pourquoi, la
tourmente cessant, après avoir épuisé sa
fureur sans but, et les excès étant réprimés,
malgré l'étiquette changée, l'ordre républicain n'apparaît pas très différent de
l'ordre monarchique : par les développements successifs d'une même formule, on
arrivait à substituer des abus nouveaux aux
abus anciens, l'esclavage et le servage
étaient rebatisés, et, quand s'écroulaient
les vieilles forces dominatrices et reli-

gieuses, l'ironique Capital s'instaurait en
leur place et réclamait le sang et les fu-
mées des sacrifices humains.

L'idée de la propriété, au sens romain
exagéré que nous entendons, est une idée
contre nature dès qu'elle se supériorise à
l'imprescriptible droit de vivre : elle garde
de ses origines une odeur de sang et de
rapines, toute la dureté de l'imbécile orgueil du vainqueur plantant sa lance dans
la terre ; c'est l'appétit primitif évolué,
systématisé, à travers des cerveaux com-
merçants et législateurs ; en dépit de la
tradition, cette spéculation funeste se soutient avec peine dans le domaine des faits :
elle provoque les représailles de l'individu
qu'elle nie et la révolte des instincts, il
faut donc la maintenir au nom de quelque
autorité extérieure, par le prêtre et par le
gendarme ; son jeu normal n'est assuré
que lorsque notre épiderme douché par
les déclamations morales, insensibilisé par
l'opium de la civilisation, ne s'horripile

plus du frisson de l'héroïsme. L'idée moderne de la propriété, c'est, en pratique, l'exploitation, le marchandage, la vie humaine à l'encan et la faim comme suprême moyen de persuasion pour réduire *volontairement* les vaincus; c'est la conquête sans gloire, au mépris du droit des gens, analogue à ces guerres perfectionnées qu'on expérimente en pays sauvage : le cuirassé y mesure ses forces contre la pirogue, la poudre sans fumée y contraste avec la puissance balistique des arcs; ainsi dans ces champs clos, nos villes, où sont tant de blessés et des morts, où les femmes et les enfants sont massacrés avec les hommes impuissants à les venger, l'ennemi reste invisible, on n'y voit qu'un peuple de frères pris d'une étrange frénésie, et le cœur du passant se navre.

L'édification des fortunes rares a toujours été basée sur la nécessité des misères nombreuses, mais par l'exercice nominal de la liberté, les infortunés sont aujourd'hui

réduits à la condition d'esclaves sans valeur
et que l'intérêt du maître ne protège plus,
car ils se sont affranchis en théorie et, dans
un jour de colère, ils ont déclaré leurs
droits ; cependant, nous les voyons toujours
astreints aux mêmes besognes sans com-
pensation, et leur vie n'est plus garantie :
en réalité, ils ont accepté de lourdes
chaînes au nom de la liberté.

Qu'on l'avoue ou non, la propriété individuelle sans restriction est dans l'ordre
social un principe de famine nécessaire à
l'exploitation de l'homme par l'homme.
Pour la liberté d'un seul qu'elle favorise,
c'est la servitude d'un plus grand nombre
qu'elle consacre et, de cette façon, elle
donne naissance à une nouvelle aristocratie, l'aristocratie d'argent, qui dans tous
les temps fut méprisable. La révolution a
décapité bien des illusions de noblesse,
mais elle a laissé intacte la plus laide tête
de l'homme. L'instinct propriétaire s'est
développé librement, protégé, encouragé,

et des journées de la Terreur il a conclu à
l'évolution capitaliste : les autres chefs
d'ambition étaient tombés sur la place de
la Révolution, l'argent devint directeur et
s'afficha sans hypocrisie, il prit un titre
autocratique et s'appela le Capital. Regretter cette prépondérance, ce n'est pas conclure comme on l'a fait à la nécessité
d'une restauration; en face de l'œuvre révolutionnaire, on peut regretter seulement qu'elle soit inachevée et que la dernière tête ait manqué à l'exécution.

Ici les idées éversives seront d'autant
plus morales qu'elles affirmeront les intérêts méconnus de l'espèce et, chez l'individu, le sentiment de sa personnalité en
harmonie avec l'univers, car le plus grave
attentat de l'ordre capitaliste, c'est peut-
être d'avoir isolé l'homme dans la nature
et dans la société : possesseur de la terre,
il ne considère plus les choses et les êtres
que comme source de revenus; aux notions nécessaires, *vie* et *beauté*, il substi-

tue *la valeur*, cette abstraction, et se com-
plaît aux agiotages sans plus se soucier
des intérêts inviolables qui sont en jeu;
partant du dogme absolu de la propriété,
il en dégage une métaphysique commer-
ciale funeste aux enthousiasmes panthéis-
tiques; de là cette sécheresse d'âme particulière aux gens d'affaires, qui lente-
ment infecte nos races et qui dévie le sens
de leur activité. Un immense suicide cos-
mique en résulte avec l'abaissement des
caractères et la prédominance du calcul
borné sur l'effusion de la vie qui se dépense pour la participation totale aux richesses du monde. Mais le spéculateur se
serait-il dupé? Il a thésaurisé, et en même
temps il a perdu le secret essentiel; en
méconnaissant les droits de l'humanité, il
s'est mutilé lui-même. Après cela, c'est
en vain qu'il paiera, il n'aboutira pas au
vrai luxe, faute d'une élémentaire propreté morale, et toutes les complaisances
de l'art ne ranimeront point son sens es-

thétique aboli ; on voit, au contraire, sa
déchéance sentimentale manifestée dans
les formes de l'espèce, dans l'épaississe-
ment des nuques, dans la bestialité des
masques ; les pratiques secrètes du capi-
talisme ont provoqué la revanche de la
nature qui stigmatise de laideur et de
bouffissure l'aristocratie d'argent : les des-
sins de Forain historiant ce phénomène
nous amusent souvent de philosophie
triste. Mais, d'autre part, le sens harmonieux de la vie ne s'est pas mieux réalisé
chez l'électeur ouvrier grisé d'une souveraineté frelatée comme l'alcool qu'il boit ;
le paysan, ce Chinois de la civilisation, est
resté cupide et féroce en dehors du développement historique et le temps n'est pas
loin où, dépossédé de sa terre hypothé-
quée, il n'aura d'autre ressource que de
renforcer les masses militaires et proléta-
riennes, car son sens de la propriété n'est
pas celui de nos « faiseurs » et, dans le
conflit journalier, c'est toujours le capital

qui dupe la petite épargne; quant au manœuvre qui n'a d'autre richesse que ses
enfants, sa position sacrifiée est évidente;
il la souffre cependant parce que le moyen
d'en sortir ne lui apparaît pas nettement;
en effet, la loi de sa vie ne laisse pas beaucoup de marge à la fantaisie : Travaille ou
meurs! c'est là son devoir et son droit.

Certes, il pourrait encore choisir, mais
il n'ose pas; l'instinct de la conservation
domine sa volonté, il manque d'héroïsme
et c'est bien naturel. Les prolétaires vivent
donc pour perpétuer leur misère et pour
alimenter de leur force le gaspillage public. Qu'ils consentent à mourir en masse,
et il est évident que les conditions sacri-
fiées du travail changeront, *on ne les lais-
sera pas faire*, le capital privilégié sera
déchu de ses droits, une nouvelle vie sociale commencera que nous soupçonnons
à peine.

En principe, ce serait l'abolition de la
loi de famine sur laquelle pivote notre

ordre social. Pour éviter le retour aux anciens errements qui tendraient à se rétablir par la force et la ruse, et pour assurer un meilleur développement de toutes les individualités, on serait obligé de reconnaître que les hommes ne sont pas en tous points différents, qu'ils ont entre eux des contacts et des identités d'où résultent des libertés multipliées de l'un à l'autre, et ces points acquis d'une façon commune suffiraient à la constitution d'un milieu social en élaboration constante, agrégé par simple affinité. L'ordre nouveau serait de proclamer au-dessus de toute atteinte particulière les nécessités communes de la vie, et cela n'irait point sans écorner les droits régaliens du capital. L'égalité des individus ne s'en suivrait pas, nécessairement et par force, conformément au rêve barbare des communistes autoritaires, mais personne, au nom de la loi, ne pourrait plus exploiter son semblable.

On a constaté que cette espérance rai-

sonnée développait le sentiment de la révolte; quelques jeunes hommes sensibles
et impatients furent ainsi conduits à
rompre violemment avec leur milieu, avec
leurs habitudes, et même à forcer leur caractère aux attitudes froidement tra-
giques; mais les masses, qui subissent
cependant la contagion de l'exemple,
n'ont pas cette sensibilité, et, sur la foi
d'un raisonnement, jamais elles ne con-
sentiront à jouer le tout. Il faudrait pour
qu'elles se laissassent gagner par l'enthousiasme que leur nature répugnât à l'esclavage et rien n'est moins certain, car des
atavismes de servitude les ont façonnées;
il leur manque aussi l'amour du risque,
en dehors du pari mutuel : pour tout dire,
leurs forces de volonté sont assez malades.
Il se peut qu'on les entraîne par des mirages, mais jamais l'action pour l'action
ne les séduira, et pourtant leur appétit ne
se satisfait pas de la sagesse du doute.

Dans ces conditions apathiques, com-

ment la transformation du dedans au dehors pourra-t-elle s'effectuer? Je crois
qu'il faudra compter avec l'intelligence
désintéressée d'une minorité qui posera
le problème sans en altérer les données,
en dénonçant les antagonismes et en pré-
cisant la base matérielle d'une discussion.
Il ne s'agit pas de s'attendrir, mais de
qualifier dans le jeu social un certain degré
de lâcheté et d'inconscience. Notre république est pleine de gens sans aveu qui
s'annoncent en bienfaiteurs libéraux et
qui pratiquent l'humanité à la façon des
négriers : tóute la question est de savoir
si l'on veut vivre en bonne intelligence
avec ces gens-là. J'entends bien qu'ils
pratiquent l'égoïsme et qu'on ne peut les
attaquer au nom d'une autre morale que
leur bon plaisir, mais qu'on affiche leur
raison d'être en contraste avec les égoïsmes
voisins et la supercherie dont ils bénéfi-
cient apparaît évidente; de toute manière
leurs personnages sont trop mal com-

posés pour qu'on s'y intéresse, non seulement cruels mais souvent grotesques, comme les çakaras du théâtre indien : par exemple on les voit robustes, juchés sur les épaules du pauvre qui trébuche, le gourmant, hoquetant de leur passion philanthropique et s'applaudissant de leur position conquise par le travail. A défaut de toute autre raison, il y a là un spectacle répugnant. Pensez en même temps que toutes les ressources nationales sont employées en *protections* — qui protège-t-on ici? — et il se pourrait que le croc-en-jambes fût à vos yeux la seule morale de cette charge. Dans un cas si généralement accepté, la complexité du philosophe candide conclut au scepticisme, à l'abstention et aux ironies d'après-dînée qu'affectionnait Renan, mais on excuse le croyant sincère qui, plutôt que de jouer un rôle complaisant dans la farce méchante, s'en tire par une impolitesse envers l'humanité. Si la minorité favorisée était vraiment riche, si son développement psychique et sa fraîcheur d'esprit obtenue au prix du labeur et des souffrances de la majorité rachetaient tant d'obscures douleurs, si nulle plainte ne s'élevait d'en bas, il semble cependant que cette manière d'entendre la vie serait justifiée et qu'on serait mal venu à faire le procès d'une société où chacun serait à sa place, mais trop d'inhumanité et de sottise d'un côté compensent mal l'énergie perdue de ceux qui veulent vivre et qu'on repousse en les raillant d'une ridicule souveraineté. Du reste, l'équilibre n'est-il pas depuis longtemps rompu ? la foi aux supériorités a disparu, faute d'hommes supérieurs. On ne reviendra pas sur ces choses. Le principe hiérarchique est sans fondement dans une humanité franche qui se suffit à elle-même il ne se maintient plus dans le corps social que par la violence, la vie nouvelle s'en trouve gênée, et c'en est assez pour légitimer la crise prochaine, mais rien ne

sera sans l'effort d'une minorité indépendante.

Si la France, en dehors de sa représentation parlementaire, comptait seulement
un petit nombre d'hommes de bonne volonté pénétrés de l'importance du problème
social, assez convaincus pour l'exposer
simplement, en affirmant le droit à la vie,
et consentant à ne pas le résoudre à leur
profit personnel, au moins quant aux petits intérêts, ils pourraient créer un mouvement social formidable : le peuple est
las des mystificateurs, mais il suivra
ceux qui lui parleront avec franchise et
sympathie, sans esprit de secte, au nom
de la solidarité humaine. L'attitude de ces
artisans nouveaux de la Révolution est
facile à préciser, conforme encore aujour-
d'hui à ce qu'elle était hier :

Sans croire aux absolus, ils vont vers
quelque chose de meilleur. Ils comprennent
nent que toute hypertrophie sentimentale
témoignerait d'un mysticisme nouveau ; ils

n'élèvent point d'idoles de peur d'être bientôt dans l'obligation de les renverser ; leur
Liberté n'a pas d'autels — il ne faut pas
que l'oppression et la persécution puissent
s'exercer en son nom, — et c'est la déesse
qui n'existe pas. Pour eux pas de halte,
la bonne auberge n'est que de passage, et,
la mort exceptée, nulle paix définitive. —
Mais le bonheur est en dehors des fictions
paradisiaques et des terres promises, il
naît d'une activité généreuse sans obligation et du reflet immortel de nous-mêmes
que nous avons vu dans les yeux des
autres.

Tournons-nous donc vers les pauvres
et ne leur demandons pas trop, n'allons
pas, comme cet illuminé dont parle Ibsen,
présenter partout la « créance idéale »
sans en vouloir rien rabattre et comprenons aussi que les faibles n'avanceront que
si le but leur est montré tout proche ; res-
pectons chez eux cette illusion nécessaire
à leur progrès.

Il convient de rester en communication directe avec la foule et de lui parler sans ambition, car le temps de l'ambition est passé; il faut lui proposer avec amour nos idées les plus précises, confronter notre sensibilité à la sienne, lui offrir quelque image de notre rêve et de ce but lointain vers lequel notre esprit d'aventure veut l'entraîner; et puisqu'en somme il ne s'agit que de la liberté de vivre pour réaliser ce grand but de l'humanité qui est l'affranchissement des individus, indiquons la question sociale sur les points matériels les plus directs : le pain, l'abri, l'instruction mutuelle. Par ces moyens nous abrogerons la loi de famine qui soutient l'ordre actuel, nous en finirons avec l'assassinat économique, et nous consacrerons une liberté réelle permettant aux hommes qui le voudront — il se peut qu'on ne veuille rien — de se soustraire à l'exploitation qui les diminue sans profit pour personne.

CHAPITRE II

DONNONS-NOUS AUJOURD'HUI
NOTRE PAIN QUOTIDIEN

Les mots dont se payent les sociologues représentent-ils mieux qu'un jeu d'illusions, alors les opposants seront d'accord sur ce point, qu'une société doit trouver en elle-même les raisons suffisantes de son existence et qu'elle ne saurait y prétendre quand la notion dite « intérêt général » ne répond pas à l'accord des intérêts particuliers.

Toute solution affirmant des fins extérieures indiffère et se supériorise gratuitement, à moins qu'on n'accepte pour vraie une révélation cherchant à plier la réalité à des exigences idéales, mais dans quel but, si ce n'est l'intérêt dominateur conféré à quelques tristes servants de l'inconnaissable ?

D'ailleurs, si forte que soit la consolation du mensonge pour ceux que la vie a blessés, nul empirique ne la proclamera publiquement, sinon comme vérité religieuse, entendant à la fois que l'humanité n'a d'autre but à poursuivre que la mort fleurie d'espoir.

L'hypothèse d'un monde ayant rompu l'amarre entre soi et l'espérance d'une survie grimaçante de reflets terrestres s'impose, dans la pratique, à qui veut étudier, avec exactitude, la meilleure économie possible dans les conditions précaires de l'espèce. Réfugié dans la vie sans l'inquiétude de fuir, il cherche ce qui pourrait la rendre belle, attrayante, com-

plète, avec l'intensité de son charme
fuyant.

De toutes ces philosophies qui osent, de
ces sciences qui s'essayent, de ces labeurs,
de ces passions éternelles, une harmonie
désirable s'annonce et veut être qu'on
peut prévoir et préparer, non sans s'élever jusqu'à la négation impitoyable des
dogmes anciens La vie nouvelle se dé-
veloppant d'elle-même est à concevoir
comme un grand arbre solidement enra-
ciné, et dont les rameaux souples fleuriront.

Avec la certitude de travailler au bien-
être de l'humanité, on tiendra compte
enfin de l'homme. Quelque puéril que
cela puisse paraître, on affirmera la nécessité de cette attitude devant ceux qui
parlent toujours des grands devoirs ou
des intérêts divins, — et qui en vivent.

Une autre classe de prêcheurs et d'agi-
tateurs se plaît à flatter le peuple, et se
fait forte de répondre à ses besoins par

l'enrégimentation, la statistique et l'organisation du travail ; mais le remède proposé à des maux nombreux, qui ne sont
point tous des maux d'estomac, n'est-il
pas un peu grossier et vaut-il comme pa-
nacée?

Trop embarrassés d'un inutile forma-
lisme, ceux-là faussent gravement le principe de liberté, ressort de tout progrès, et
ne s'en cachent pas ; avec eux s'annonce
une période de bas parlementarisme,
qu'on aurait tort de juger sur ses effets
oratoires d'opposition, et pour condamner
ces militants on ne saurait attendre qu'ils
triomphent ; mais une critique généreuse
entravera moins leur effort qu'elle ne les
favorisera, en élargissant la voie trop
étroite où ils se sont engagés.

On comprend mal que les socialistes
aient une foi aveugle dans l'État centralisateur et jacobin perfectionné à l'usage du
despotisme, qu'ils en acceptent le fait
comme normal, et moins encore qu'ils

2

songent à l'utiliser sans presque rien y changer. Si les raisons qu'ils avouent sont sincères, leur inconséquence est manifeste. L'enseignement historique, si peu rigoureux qu'il soit, garde tout au moins une valeur d'indication précieuse à retenir quand des expériences répétées ont toujours abouti au même résultat. On objectera que les démonstrations précédentes étaient plutôt politiques que sociales, — mais serait-ce point que l'État dans sa forme actuelle est un instrument politique exclusivement? Dans la vie collective, il est, par définition, le maintien des institutions, et quand des révolutionnaires sans franchise lui demandent d'être avec les progressistes contre les conservateurs, ils plaisantent lourdement.

L'erreur commune à des partis opposés ou plutôt la confusion soigneusement entretenue par les pouvoirs politiques accrédite que l'armature des lois soutient seule le corps social et que l'absence d'une réglementation pénale consacrerait le principe du désordre.

En fait, la vie d'une société répond à des nécessités plus délicates. De même que l'individu peut trouver en lui-même une raison affranchie de la volonté divine, on conçoit une éthique sociale conforme à l'intérêt équilibré de chacun, et la liberté humaine apparaît suffisante à constituer un monde moral.

Si ce postulat n'était pas vérifiable, voudrait-on faire *leur* bonheur quand même — et n'est-ce que cela ?

Une bonne économie peut aussi considérer en dehors de la législation toutes opérations d'échange et de production. Les plus subtils phénomènes de la vie sociale sont aimantés intérieurement pour ce jeu naturel qui est à proprement parler « l'ordre », sans qu'il soit besoin d'y faire intervenir la contrainte qui, bienfaisante ou nocive, ne peut qu'en fausser l'harmonie en l'asservissant à des fins.

Sur ce point l'erreur est ancienne et
nous vient des genèses avec le conflit du
bien et du mal depuis longtemps dénoncé,
et qui tend maintenant à sa ruine.

En vérité, une constitution ne saurait
être bonne que si elle repose sur tous les
égoïsmes composants et sur l'intrigue des
passions; elle ne saurait être extérieure-
ment dans un code de lois que conformément à la nature des choses.

On conçoit des oppositions et des con-
trariétés de nature, mais pourquoi les réformer, si le bien n'est en somme que l'é-
quilibre de ces tendances? et comment le
faire, justement, si le point immuable où
baser l'autorité *meilleure* reste inacces-
sible ?

Certes, si l'on entend que le pouvoir
centralisateur travaille à sa destruction en
épuisant le crédit que les citoyens passifs
lui ont accordé, il se pourrait; mais les
générations successives ont trop peu d'esprit de suite pour ce virement rationnel ;

on doit aussi compter avec l'instinct vulgaire qui se veut dédaigneux, en gamme épanouie de la base au sommet, depuis le rire du teneur de livres jusqu'au mépris d'un Napoléon pour les idéologues. Comment les jeunes gens ne s'émerveilleraient-ils pas de la rouerie de leurs aînés jusqu'à les imiter dans leur manière facile ? Aussi bien la question des propagandes ne doit-elle pas, sous peine d'impuissance, être posée sur le terrain des idées et de la justice, mais par la force des constatations, avec toutes les ressources de l'actualité.

Quand l'époque s'attarde trop, il reste la ressource de faire de l'histoire par anticipation et de traiter les événements à un point de vue avancé. Mais, dans la pratique, n'y a-t-il plus d'aperçus essentiels à mettre en lumière et des contradictions latentes, et des masques à lever, et des critiques à fond de lame ?

La connaissance d'une nature indifférente à Dieu et à Satan dégage des moralités nouvelles ; subversive des institutions « bienfaisantes et charitables. », elle en montre l'hypocrise et la duperie ; positive, elle appelle d'autres réalisations et, dans la vie sociale, par exemple, consacre la nécessité des libres relations individuelles et du mutuel effort ; elle veut d'autres consciences et d'autres vertus ; elle déplace les contradictions, modifie tous les rapports.

De ce fait que des hommes rassemblés sur un territoiré ont une action commune et les mêmes besoins premiers, il semble que l'impérieux problème soit d'abord celui de vivre ou simplement de ne pas mourir d'une façon ridicule pour cause d'indigence, sans pouvoir dépenser aucune activité profitable : et c'est le cas du meurt-de-faim par sa faute ou par manque de travail, comme il vous plaira. Telles dispositions intérieures sont dans l'intérêt bien entendu des individus, qui les amèneraient nécessairement à reconnaître l'in-

convenance de certains faits exceptionnels, et la plus élémentaire solidarité gué-
rirait le mal qu'exacerbent les larmes de la
charité.

J'en vois la déclaration ironique et
solennelle dans une loi décidant, — pourquoi pas ? — la *gratuité du pain*, une loi
égalitaire qui serait la bienvenue dans
notre société démocratique. L'instruction,
le service militaire et le pain pour tous,
quels plus légitimes impôts ? Ce serait le
commencement d'une république nouvelle où les hommes communieraient sous
les espèces du pain et de l'impôt.

On pourrait encore pourvoir d'une autre
façon à la même nécessité, par l'association des particuliers acceptant ce minimum
de communisme, qui ne lèserait la liberté
de personne.

Si le mot communisme est effrayant
pour les femmes, disons que la raison
d'être des associations, c'est d'assurer à
l'individu des avantages communs ; et l'on

ne contestera pas que l'avantage des civilisations réside justement en ceci, que des choses grandes et belles, difficiles à établir, y sont devenues l'apanage public.

Ces cités bien fournies de monuments et d'avenues, d'eaux vives et d'éclairage, où l'édilité satisfait aux soins de la voirie, sont, en dehors des rapports sociaux qu'elles facilitent, une source de jouissance commune et gratuite, sans que le droit de cité y soit aujourd'hui sujet à contestation. En temps ordinaire, la liberté d'aller et de venir dans ces milieux, bien qu'elle entraîne à des dépenses considérables, n'est point soumise au contrôle, si l'on veut négliger les mesures de sûreté générale et l'arbitraire policier. — Dès lors, on peut accepter que cette autre nécessité pour chacun de se procurer l'indispensable pain pourrait être résolue à frais communs d'une façon largement équitable. La somme qu'il faudrait affecter à cette dépense ne laisse point que d'être énorme, — près de deux milliards pour la France, — mais on voit aussi que cette dette est déjà couverte dans l'économie ordinaire, et qu'il ne s'agit à ce propos que de se procurer, pour le même prix, le luxe du pain gratuit.

J'indique la question, et l'on comprend d'abord qu'elle n'est pas insoluble, cependant il se peut qu'un tel projet se heurte à un besoin de voir souffrir et tomber misérablement, qui rehausse le prix des petites satisfactions où peut mener une vie de labeur favorisée ; mais l'aveu même de cette volupté des âmes est précieux et vaudrait l'autre résultat.

D'un côté, se compteraient les représentants du peuple qui veulent échapper au reproche d'anthropophagie et, de l'autre, ceux qui soutiennent la nécessité, pour l'exemple, des cadavres faméliques.

La question du pain est choisie à dessein, plutôt que toute autre, parce qu'elle est d'une éloquence immédiate. Outre l'avan-

tage qu'elle assure à ceux dont l'indignité
ne l'emporte pas sur celle des criminels—
nés, nourris aux frais de l'État, elle
indique un cas sentimental intéressant.
Pour ou contre, la solution qu'on en donne
est de nature à faire penser. C'en est plus
qu'il ne faut pour légitimer l'exercice
oratoire qui consiste à proposer et à
défendre un projet de loi. Et, d'autre part,
n'y voit-on pas un bon ressort pour les
tremplins électoraux qui commencent à
s'user ?

CHAPITRE III

LE PAIN GRATUIT

Nos économistes en place excusent mal leurs tendances meurtrières en laissant croire qu'ils sont sérieux : — ce n'est pas une raison.

Laissant hors de cause ce que leurs théories de la richesse peuvent avoir d'expérimental dans les conditions présentes, une autre méthode tend à modifier ces conditions par l'importance qu'elle accorde à l'unité sociale et, avant toutes considérations industrielles, par son refus de réduire l'individu à mourir de faim.

A ce point de vue, tout devoir social, imposé par la société à l'individu, légitime chez celui-ci la revendication du *droit à la vie*.

Tant que ce droit ne sera pas formellement reconnu, on pourra dire et constater qu'il est une classe d'hommes pour lesquels la société n'a que des exigences. Ce droit à la vie ne sera rien s'il n'est qu'une formule verbale; en pratique, il commencerait avec le pain assuré à tous, libre et gratuit comme l'eau des fontaines.

Il me reste à dire comment cette idée pourrait être appliquée — si on le voulait, car elle n'est pas utopique — et quelles en sont les conséquences qui m'apparaissent.

Je ne crois pas qu'on doive décréter ou organiser, à l'avance, aucun changement social, car la réalité se prête mal à ces fantaisies, tant sublimes soient-elles.

Les habitudes et l'inertie sont des forces nécessaires à la conservation sociale, aussi bien que les tendances progressives et révolutionnaires ; d'autre part, il faut compter avec la farouche énergie de la bêtise qui reste incalculable. Dans ces conditions les programmes sont inutilement prétentieux et compromettants.

Nous résoudrons donc le problème avec les quantités ordinaires et connues, et par simple exposé.

Les boulangers librement établis et en concurrence continueraient à faire le pain et à le distribuer suivant les besoins, mais au lieu de le vendre à la population, ils le lui donneraient. — La concurrence porterait donc uniquement sur la qualité de la fabrication. On s'en rapporterait à la discrétion publique pour éviter le gaspillage dans la consommation. Depuis longtemps ce point est acquis dans les mœurs. Il serait du reste facile de tenir un compte en double des quantités de pain délivrées

3

par le boulanger et portées par lui sur son livre de caisse, en exigeant qu'il poinçonnât, en outre, un carnet spécial que chaque client tiendrait de la municipalité — livret individuel ou familial analogue au carnet de l'épicier. Ces livrets numérotés et datés, avec les quantités de pain délivrées jusqu'à concurrence d'un *maximum* (s'il le fallait), permettraient de remédier aux gaspillages graves; et il convient de remarquer à ce sujet que le pain gratuit étant payé par tous, comme l'instruction gratuite, tous seraient intéressés à prévenir les abus qu'on pourrait faire de la chose publique.

Sans risques de crédit, le boulanger percevrait le prix de son pain sur une caisse d'association privée qui pourrait être la caisse municipale, pour éviter une recrudescence de fonctionnarisme. La déclaration en bordereau du boulanger serait contrôlée avec une exactitude suffisante *d'après les quantités de farine achetées par lui à la halle au blé* (1). — La vigilance publique préviendrait les fraudes du boulanger qui serait tenté de noyer les farines, de les détruire ou de les accaparer. L'inspecteur communal aurait droit de visite chez le boulanger.

Les municipalités seraient autorisées à couvrir la dépense du pain en l'inscrivant à leur budget. — Un système de souscription libre a cet article spécial des budgets communaux allégerait les charges de la commune, et par conséquent celles des habitants. (L'état des taxes attesterait ainsi la bienveillance publique et les progrès de la solidarité.)

L'État n'interviendrait dans ce contrat entre particuliers, que pour autoriser les communes, d'une façon générale, à organiser chez elles le service public du pain à côté des autres services publics qui fonctionnent.

(1) On voit que c'est une question d'entrée et de sortie moins compliquée pour les farines que pour toute autre matière soumise à l'*exercice*.

De cette façon, le problème du pain qui se pose chaque jour à tout Français — sous peine de mort — serait en une fois résolu et, cette préoccupation étant écartée, la liberté qui s'ensuivrait ne laisserait pas que d'exercer une influence considérable sur la moralité publique.

Le pain, gratuit en apparence, ce qui veut dire à frais communs, consacrerait un vrai lien social entre les habitants d'une même commune, sans cependant supprimer les besoins stimulants qu'on s'accorde jusqu'ici à considérer nécessaires à l'exercice du travail.

Il est évident que si chaque particulier souscrivait à la gratuité du pain, selon ses moyens, une somme égale ou même supérieure à celle qu'il affecte à la dépense du pain en temps ordinaire, on obtiendrait sans surtaxes et même avec des dégrèvements le bénéfice envisagé, et qui n'est que la réalisation de la plus élémentaire solidarité. Dans le cas où la moralité pu-

blique serait insuffisante à valoir spontanément le résultat désirable, les droits
de la commune interviennent et grèvent
un ensemble de choses moins indispensables que le pain.

Il s'agit, en l'espèce, d'une sorte
d'impôt proportionnel ou plutôt d'une
contribution profitable puisque chacun,
sans exception, en perçoit équitablement
sa part.

En tout état de choses, c'est la consommation alimentaire la plus variée qui paye
pour la satisfaction la plus restreinte des
exigences vitales, c'est la dépense générale qui assure la dépense la plus nécessaire. Ainsi la vie devient plus coûteuse,
mais, d'autre part, elle est assurée.

En même temps que le pain élémentaire, les individus se donnent autre chose :
la confiance en l'effort commun, quelque
fierté, la possibilité d'un certain loisir, le
temps de la réflexion et de la décision
pour d'autres motifs que la famine.

Alors une sélection par tempérament et aptitudes peut se produire dont les bienfaits sociaux sont évidents.

Ceux qui ont beaucoup de besoins, et pour lesquels les jouissances extérieures importent surtout, sont appelés à se dépenser par le travail et le plaisir en des besognes fatigantes mais bien payées. — L'offre et la demande amèneraient ce résultat.

Au contraire, les natures inclinées aux jouissances intérieures de loisir, d'étude et de rêve peuvent, à la rigueur, s'abandonner à leur penchant et témoigner de leurs dons naturels.

La sélection qui s'opère ainsi, avec le minimum de liberté réelle, n'affirme aucune supériorité dans les goûts et les tempéraments, mais elle manifeste des différences individuelles et permet aussi des intégrations de forces impossibles en l'état de contrainte actuelle.

L'ordre naturel serait puissamment

servi par une mesure dont les incon-
vénients n'apparaissent pas également
avouables.

En admettant que le seul sens possible
du mot *souveraineté du peuple* soit souveraineté individuelle, on acceptera que
les hommes tendent à leur affranchissement par des mesures économiques de la
nature de celle que j'indique, car les individus ne peuvent prétendre à se diffé-
rencier dans la liberté sociale qu'après
avoir conclu entre eux l'accord de tous
leurs points communs.

Ce communisme de nature, manifesté
par d'identiques exigences, pose la base
d'une indestructible solidarité et veut des
liens sociaux bien plus que des lois; mais
une telle moralité des sociétés n'a point
été aperçue jusqu'ici et, bien que prévue,
rien ne la consacre.

Les hommes se sont rassemblés au
hasard et même entre voisins, ils ne se
connaissent pas, aussi leurs joies sont-

elles mesquines et leurs libertés res-
treintes.

Les exigences de l'accouplement suf-
fisent à leur imagination avec la compli-
cité des poètes.

Pour ne pas s'être accordés sur des
identités, ils en sont à chercher les
moyens d'amoindrir et de confondre leurs
tendances exceptionnelles, et l'on peut
dire que l'originalité les choque autant
que l'égalité : en fait, ils ne comprennent
que l'obéissance.

Le besoin de solidarité se manifeste
dans les démocraties par des aspirations
confusionnelles qu'exploitent les flatteurs
adroits.

En considérant l'égalité des droits politiques que traduit un système représentatif
et parlementaire, on verra combien la
tendance sociale est abusée.

L'opinion, même politique, ne présente
point, en effet, le caractère commun de
certaines exigences matérielles ; inalié-

nable à chacun, elle se conforme à des manières de voir ou s'en écarte, mais ne peut être représentée en bloc et pour des circonstances à venir; on voit cependant que les notions individuelles tendent parmi nous au communisme, alors qu'un besoin journalier et le même pour tous, comme celui du pain ne reçoit que des solutions particulières.

Les électeurs acceptent en leur député un communisme d'opinions, et l'idée de partager autre chose que des droits politiques ne leur vient même pas.

Chacun sera conduit à des développements nouveaux pour peu qu'il réfléchisse. Mais on peut tout d'abord appeler l'attention sur la nécessité qu'il y a de satisfaire économiquement les besoins communs par un fonctionnement communiste, en réservant à l'initiative des individus ce qui doit rester individuel. Alors on comprendra que la société pourrait être un organe nouveau au service des individus et non le but où chacun est tenu de se sacrifier hypocritement : ceux qui peinent étant dits « le peuple souverain » et ceux qui commandent « serviteurs de la République », sans que le principe d'inimitié, qui subsiste entre eux, puisse être résolu par un renversement d'épithètes.

La gratuité du pain soulève quelques objections qui ruineraient l'importance positive de la proposition si elles n'étaient résolues dans le sens du projet.

Il est à craindre, dira-t-on, que le loisir accordé avec le pain ne soit, à tout prendre, qu'un encouragement à la paresse. Exiger que la terre nourrisse ses habitants, sans consacrer en même temps la nécessité du travail dans toute sa rigueur, peut paraître un non-sens, à moins qu'on ne fasse intervenir la manne céleste et l'éthique du lis des champs.

Mais le minimum de loisir proposé n'est, en somme, que la possibilité de choisir, sans que la tendance à l'inaction soit plus favorisée que l'appétit du travail. Si la nature des hommes inclinait vers un idéal ascétique, il y aurait lieu de craindre une émancipation traduite en fait. Les unités sociales, échappant à la menace immédiate de la mort, se conformeraient à leur direction intérieure. En toute rigueur, il se produirait alors un déplacement des forces actives : ceux que la vie intéresse par toutes ses manifestations verraient leur jouissance contrariée par une contrainte directe au labeur; les bénéfices accumulés se fractionneraient en quantités infimes, et les contemplatifs vivraient aux dépens des actifs.

La classe d'oisifs qui prospérerait alors serait-elle inférieure à celle des viveurs improductifs qui se manifeste en l'état actuel des choses? Ce point resterait à envisager si la question se scindait aussi brusquement, mais on sait qu'il n'en est rien.

Soustraite aux influences qui souli-

gnent le mal de vivre et portent à des
jouissances de renoncement, l'humanité
moderne que nous connaissons s'abandonne plutôt à des tendances outrancières;
l'intensité de la vie se révèle comme le
plus grand bien auquel elle puisse prétendre; pour la satisfaction de ses appétits,
elle est plutôt encline au surmenage, à
l'effort contradictoire, et, si l'on considère
que le résultat paye mal des labeurs obs-
tinés, on pourrait dire que cet effort est
disproportionné et que le travail de certains hommes est inutile pour eux.

L'idéal bouddhique et l'idéal chrétien,
le mépris de la chair et des biens terrestres, se sont manifestés sur des points
nombreux du monde et s'y remarquent
encore : telle race, envahie par le mal
métaphysique, s'arrêta frappée d'ataraxie
morale. L'état de religieux mendiant con-
sacrait cette inertie, tendait à nier la vie et
couvrait le monde de parasites : un idéal
artificiel aboutissait, dans ses conséquences

dernières, au suicide de la nature. Est-ce bien là ce qu'on redoute par la communauté du pain ? et ne voit-on pas, au contraire, que les tendances actives sont vigoureusement favorisées par ce droit de sélection dans le travail ?

Nous avons réagi, et trop peut-être, contre l'idéal contemplatif : il en est résulté une dépréciation de la valeur humaine ou, si l'on préfère, une spécialisation regrettable. Les exigences économiques se traduisent pour une bonne moitié de l'humanité, par un asservissement qui dépasse l'esclavage antique, et la noblesse du travail n'est point suffisante à relever les plèbes de l'abjection certaine où elles ont été conduites. A ce point de vue, on peut dire que nos populations ouvrières sont aussi malades, aussi loin de l'idéal humain que les races orientales les plus affectées de nirvanisme. Bien plus, ces à-peu-près d'humanité ne rendent pas tout ce qu'ils pourraient donner : leur développement, contrarié et gouverné de force dans un sens qui n'est peut-être pas le leur, aboutit à des résultats indigents et, loin que l'intérêt général s'en trouve servi, la dépréciation des unités totalise avec pertes l'épanouissement humain. Entre ces deux exagérations du sens actif et du sens contemplatif, la liberté relative des éléments sociaux tend à rétablir un équilibre désirable.

Par ce fait qu'on assure le pain des hommes, on n'amoindrit pas nécessairement leur activité ; bien plutôt la développe-t-on en la dégageant des conditions dégradantes qui ne lui permettent pas de s'exercer comme elle le pourrait. Cet encouragement à la vie ne saurait, en aucune façon, exercer l'action déprimante d'une morale de renoncement : il faudrait pour le croire tenir compte d'influences religieuses en dehors de la question, — et l'on conviendra que le péril ascétique ne semble pas très redoutable en l'état de nos croyances.

Une autre objection veut que si la gratuité du pain est adoptée exceptionnellement par quelques communes, elle ait pour conséquence des troubles démographiques et des perturbations ethnographiques : on verrait alors se produire des émigrations vers les centres favorisés, et ces invasions seraient de nature à contrarier l'exécution rigoureuse du projet. Il reste à dire que la gratuité du pain étant une mesure de sécurité publique pourrait être suspendue si le péril qu'on signale devenait menaçant, dans le cas, par exemple, de mouvements populaires très considérables. Le livret qu'on accorderait ou non aux étrangers reste encore une mesure possible. — Mais si l'invasion était progressive, il y aurait, au contraire, tout lieu de s'en louer, car les centralisations de population n'ont jamais eu pour résultat d'appauvrir les points du territoire où se porte le mouvement : on voit

mieux le résultat contraire. Les émi-
grants ne sont pas forcément des bou-
ches inutiles; avec eux circulent des
forces de travail disponibles. Dès qu'un
individu ne prétend point à la mendicité
— et nous avons vu que la communion
du pain n'est pas liée à cette disposition
morale — il conserve une valeur dont
l'accumulation n'est pas à redouter; tout
au plus les communes désertées seraient-
elles invitées d'une façon pressante à
adopter la même mesure économique.

La dernière objection est d'ordre mé-
dical. Le pain gratuit favoriserait la consommation de cette denrée, et des mala-
dies spéciales pourraient en résulter,
ainsi qu'on voit pour les populations ita-
liennes qui se nourrissent exclusivement
de polenta. Je laisse aux médecins le soin
de résoudre ce point litigieux; mais encore faudrait-il que la consommation du
pain fût abusive, et si des phénomènes
morbides se manifestaient, alors il serait

temps d'y porter remède et d'enrayer l'épidémie.

En l'état présent, on peut tout simplement mourir de faim. C'est le mal social qu'il faut guérir, avant de parler des cas d'anémie.

CHAPITRE IV

LE PAIN ET LA LIBERTÉ

La question du pain n'est autre chose que la question sociale vue sous un angle vif et pénétrant, et les raisons de résoudre l'une s'appliquent également à l'autre : tant qu'il y aura parmi nous possibilité de mourir de faim — comment nier ce mauvais cas ? — il y aura une question du pain ; tant que l'individu ne sera pas en position de manifester la plénitude de ses dons et de s'affirmer généreusement,

qu'il sera amoindri et méconnu par la
collectivité, il y aura une question sociale.

Toutes les raisons critiques qu'on ob-
jecte à ce propos perdraient beaucoup de
leur force, s'il était certain que nos façons
d'entendre la vie et les rapports des êtres
sont définitives par nature. Mais il faudrait pour cela confiner tout progrès dans
l'utopie, et d'ailleurs il suffit du sentiment
d'un seul pour troubler profondément les
assises de l'égoïsme humain.

Poser la question du pain, ce n'est pas
supprimer l'état de pauvreté, c'est empêcher l'état de manquement. Sous cet aspect on s'écarte autant de l'égoïsme stérile
que du bavardage humanitaire. L'avenir
qu'on propose n'est pas la voie confor-
table et d'arbres taillés, ce n'est pas le
sentier des bergeries évangéliques, mais
le lacet de ronces des pauvres et des libres,
qui serpente vers les sommets au bord
des précipices.

Si demain nous effaçons la peine de

mort que porte la loi d'airain contre celui qui refuse le travail imposé, ce n'est pas dire que les conditions du travail seront moins pénibles ni que la nécessité du travail pèsera moins lourdement sur la masse : tout au plus peut-on prétendre que l'équilibre des forces et des résistances sera mieux réparti, grâce à la liberté relative des unités sociales ; et la réponse à la question : les hommes seront-ils plus heureux ? est toute dans la conception du bonheur qu'on peut avoir. L'importance de la proposition, c'est d'assurer une vraie liberté, fruste et frugale sans doute comme le pain qui la symbolise, mais enfin une liberté réelle et non plus cet oiseau aux ailes engluées dans la déclaration des droits de l'homme et du citoyen, qui ne peut s'en échapper et planer, même aux plus critiques moments du drame révolutionnaire.

La société utilitaire, qui ne reconnaît pas, à côté de ses formules légales, l'expression du droit à la vie, ne peut s'en excuser que par la bassesse de ses aspirations ; et la vraie critique sociale n'est pas de dire que le bourgeois — puisque bourgeois il y a — est féroce et vampire, mais de montrer la stupidité d'un rôle historique qui se poursuit sans aboutissement possible et sans imprévu. La loi marchande avec son idéal de justice à faux poids sera dépassée, car elle ne peut convenir au développement contrasté des sociétés. La vie du monde sera longue sans doute ; nous n'en sommes point encore au moyen âge ; la planète n'est pas encore aménagée, à peine connue ; sur plus d'un point géographique nous avons encore carte blanche ; nous pourrions presque dire que la France est encore sous la domination romaine ; César est debout sur nos colonnes trajanes ; nous subissons la tyrannie de la hache et des faisceaux.

Avant tout, les enseignements tradi-

tionnels qui ne correspondent plus à nos
façons de sentir doivent être abandonnés,
et c'est une nouvelle façon de penser à
laquelle on prétendra pour que les mots
ne restent plus vides de sens. Les pan-
théons se sont écroulés sous le souffle des
hommes ; à la place des idoles brisées
nous avons mis d'autres fétiches et les
objets de notre culte sont aussi grossiers
qu'une enluminure africaine. Nous n'avons
plus de religion ; mais les modernes ico-
noclastes sont en train d'instituer une
orthodoxie révolutionnaire ; des bibles
s'élaborent ; voici venir le temps où les
nouveaux mirages de notre âme auront
aussi des martyrs et des victimes. Abat-
tons d'un sourire ces images grossières,
rajeunissons notre âme par le scepticisme,
consentons enfin à être des hommes com-
plexes et beaux dans la bonne volonté.

Avec la liberté des unités sociales
comme levier, on soulèvera le monde
jusqu'à faire du bétail humain une société

véritable où les façades ne seront plus menteuses, mais il faut pour cette action réagissante des uns sur les autres un point fixe, hors de la volonté divine, sans lequel rien ne sera fait. Il faut solidariser la vie dans sa forme élémentaire. Sans ce point de contact et de résistance, la liberté n'est qu'une ironie cruelle. Quelle est donc cette liberté toute métaphysique qui n'est pas le loisir et la possibilité d'opter ?

Un fait se passait hier que je retiens pour l'exemple. C'était, à Halluin, près de Roubaix, le suicide d'un enfant de treize ans. En apprentissage dans un atelier de tisserand, il disait que le métier était trop dur et ne lui plaisait pas. Ses parents, façonnés à la loi du travail, l'appelaient paresseux. Il disait qu'il se tuerait si on voulait le faire travailler de force, et il se tua. Le 18 juin (1895) il disparaissait et le lendemain on retirait de la Lys un petit corps noyé.

L'enfant avait usé de sa seule liberté,

celle de quitter un monde où sa place était
impitoyablement marquée. Avec du pain,
il eût vécu et peut-être trouvé sa voie.
Contraint à une besogne qu'il ne pouvait
pas supporter, il a préféré mourir. Le
petit oiseau sauvage ne s'est pas apprivoisé.

A-t-on pensé que ce refus du pain libre
— il ne s'agit pas d'aumônes et de secours
— conduirait le monde à sa perte, si
les hommes contrariés et ruinés dans
leur principe, avaient cette même vigueur puérile pas encore usée par les
frottements ociaux? — Mais d'autre part,
nos moralistes chuchotent les mots lâcheté
et désertion.

Je sais une épitaphe que le poète Vielé-
Griffin consacra naguère à un autre enfant
qui, lui aussi, voulait mourir et ne recula
pas:

> Tu es un homme, te disait-on, parfois,
> Et, radieux, c'était ton jeune orgueil ;
> Crois-moi : mieux vaut ne l'avoir pas été
> Et de dormir au large en son cercueil,

Mieux vaut mourir comme tu meurs, je crois,
Mieux vaut se détourner de notre indignité.
Pourquoi hausser tes épaules maigries
Pour porter l'architrave du balcon des vies ?
Va mourir, tu sais trop de choses :
Vingt émeutes, joyeuses ou moroses,
Font faillite en ton cœur et se renient.
Tu veux choisir ta mort ;
Va, sache bien mourir sans crainte niaise :
La lâcheté, c'est le travail sans pain,
Le suicide lent des mines et des fournaises ;
Ne tremble pas, sois fort
De ton dédain,
Et fais grève à la vie, enfant sans pain !

Ce n'est pas une réforme, c'est une révolution et la plus noble qu'on obtiendra par le seul fait d'une liberté réelle reconnue enfin aux individus. Jusqu'aujourd'hui les relations d'offre à demande, de capital à travail et même les libertés politiques sont pures fantasmagories. C'est faire un étrange abus des mots que de les accoupler ainsi sans réaction possible des termes, sans contact entre les idées, et c'est trop fonder sur la naïveté populaire. Dans ces conditions forcées, l'individualisme de nos physio-

4

crates n'est qu'une coquetterie de canni-
bales. Tous les programmes réformistes
sont condamnés à compliquer la question
sans pouvoir la résoudre ; au terme dernier des simplifications on verra qu'il ne
s'agit pas de faire des lois et de déterminer
le milieu social, mais de permettre le
libre jeu des intérêts particuliers en réservant la neutralité de la vie.

Il faut que l'homme terrassé retrouve
des forces en touchant la terre. Si le milieu social l'abandonne et se dérobe
comme un élément hostile sous les brasses
fatiguées du nageur, il disparaîtra, son effort personnel sera perdu pour lui et pour
les autres. La concurrence vitale dans une
société ne peut pas, sans être absurde,
porter sur le principe même de la vie,
mais sur ses manifestations variées, sur
ses formes différentes.

La nécessité de donner une base positive à toute sociologie qui voudra échapper au reproche d'inconséquence ne s'est

pas manifestée tant que le principe divin soutint l'autorité, coordonnant les éléments sociaux et les gouvernant vers un salut éternel. Alors les misères humaines n'étaient que mérites et richesses en Dieu. La base était fictive mais suffisante, en dehors des conditions expérimentales. Cet ordre ancien pouvait être cruel, il n'était pas absurde. A la place d'une croyance qui s'effaçait, nous avons mis une contradiction qui ne sera résolue que par l'affirmation de la vie terrestre garantie à tous et sous la seule réserve du possible.

Cette aperception positive de la question est conforme à l'instinct du peuple et les déclamations conservatrices ou révolutionnaires ne l'égareront pas ; pour lui, la question sociale est bien celle que pourrait déterminer la science économique la plus approfondie : du pain et la liberté !

Au siècle dernier, pendant l'oscillation révolutionnaire qui brisait les vieux cadres, les motions populaires pour le pain sont

innombrables. Je n'en citerai qu'une :
primo du pain et voici comment.

Cette brochure de Louis Viger, député
du département de la Mayenne à la Convention, curieuse à plus d'un titre, mais
qui ne dépasse pas les conclusions protec-
tionnistes et l'intervention de l'État dans
la chose publique, se termine ainsi :

« De quelque manière que vous vous y
preniez, représentants, ne perdez pas de
vue que personne ne doit mourir de faim
et *que personne ne mourra de faim.* Cher-
chez les moyens les plus raisonnables et
les plus laconiques ; mais tuez le pauvre
ou assurez sa subsistance ; depuis quatre
ans on berce le peuple de l'espérance
d'un gouvernement paternel ; tenez parole,
ou osez lui dire enfin qu'il n'est pas de la
famille ! »

Je suppose connues toutes les écoles socialistes qui par des modifications pro-
fondes dans l'ordre économique résolvent
la question du pain conformément à un

plan de réformes générales. Sans attendre
l'avènement de cet ordre corrigé, on peut
envisager autrement la question. C'est ce
qu'a voulu faire avec beaucoup de zèle
chrétien M. de Montaignac. Sa brochure
publiée en 1890 : *Le Pain quotidien assuré
à tout le monde ou cinquante francs de rente
de la naissance au décès,* est très con-
cluante, bien fournie de statistiques exac-
tes et non sans éloquence dans sa simpli
cité. M. de Montaignac démontre très
bien que l'État pourrait équitablement assurer à chaque citoyen une rente de cinquante francs ; mais on ne voit pas comment la question du pain serait résolue
par cette gratification. — Dans un livre
de MM. Saint-Lanne et Henri Ner, *La
Paix pour la vie,* quelques pages consacrent le principe de la socialisation du
pain. Je n'ai pas vu dans leur projet, qui
comporte un impôt d'État et un système
de bons, cette simplification que je crois
nécessaire, et qui consisterait à donner à

la consommation du pain la forme d'une gratuité, par assimilation à nos communismes modernes tels que l'eau, l'éclairage des rues, les soins de voierie, etc.

L'ingérence directe de l'État dans cette question ne peut que renforcer un pouvoir déjà excessif. Le progrès serait à mon sens de constituer des centres qui diviseraient le travail commun, bien plutôt que de centraliser tout aux mains du pouvoir.

La machine État que nous connaissons ne convient pas au développement libre et harmonieux des sociétés, c'est le vieil engin de guerre lourd et sans portée, et les pouvoirs municipaux ne sont pas bien préférables, mais j'ai pris la commune telle qu'elle existe et non telle que je la voudrais. La question des boulangeries communales n'étant pas résolue, je n'avais pas à en parler ; et puis la commune n'apparaît ici que pour équilibrer la dépense à frais communs ; son rôle est celui d'un agent sensible aux exigences de la loi de circulation, s'y prêtant et n'intervenant pas, en mode personnel. La question du pain gratuit pourrait donc être résolue dans les conditions présentes, mais je n'ignore pas que la bienveillance publique se refusera longtemps à cette curiosité.

CHAPITRE V

... ET L'OPINION (1)

———

Les luttes sociales ont ceci de commun avec les expéditions militaires que les troupes de marche y sont parfaitement inconscientes du but qu'elles poursuivent; les plus alertes plans de campagne ne sauraient prévoir les circonstances qui détermineront le conflit; tête baissée et fonçant sur la partie adverse, les politiciens sont à la merci d'un mouvement tournant; cependant les journaux offi-

(1) Ce chapitre et les précédents furent publiés en 1895 dans *La revue blanche*.

cieux, en toute occasion lourds, manifestent, quand il le faut, de la virtuosité :
c'est merveille de voir comme ils re-
tombent au centre, que le courant porte
à droite ou à gauche.

Une indiscrète question semblait de
nature à rompre le silence qui favorise
la conspiration des pouvoirs et de la faim
et à nuancer l'actualité. Il en fut ainsi :
l'opinion s'émut; des résultats sont acquis
avec des signatures et la suite promet
d'autres indications sur l'état actuel des
esprits en face d'un vieux problème.

Les avisés qui, sous couleur de liberté,
tiennent aux bénéfices de la contrainte et
de l'esclavage se dénoncent à leur insu
par la position qu'ils prennent dans le
débat; il ne leur appartient pas de se
supérioriser à lui : le cas se dévelop-
pant de lui-même par la contradiction.

Élisée Reclus, Clémenceau, Rochefort, Millerand, Zola, Clovis Hugues,
Gustave Geffroy, Lermina, l'abbé Le-

mire, Leroy-Beaulieu, Yves Guyot, Montorgueil avec leurs réponses, le *Matin*, l'*Éclair*, l'*Écho de Paris*, la *Libre Parole*, le *Radical*, la *Petite République*, la *Liberté*, le *Gaulois*, la *Justice*, les *Temps Nouveaux*, la *Sociale*, le *Parti Ouvrier*, le *Journal*, le *Temps*, le *Jour*, le *Courrier du Soir*, la *Croix*, le *Siècle*, les *Débats*, etc., avec leurs opinions, sans compter les innombrables journaux étrangers et de province, ont accusé le mouvement de cette polémique et montré qu'elle n'était point négligeable.

L'idée semble bonne à M. Elisée Reclus, mais il la croit irréalisable à moins d'une révolution, et, « dans ce cas, dit-il, il importe de donner à cette révolution une ampleur bien autrement grande. »

Nous ne savons encore de la révolution que des promesses et je veux bien croire qu'elles seront tenues, mais si la petite question du pain n'était pas résolue par le cataclysme dédaigneux, ce serait à recom-

mencer : les raisons qui valent aujour-
d'hui contre l'état social n'auraient rien
perdu de leur force ; de même que « les
Gracques de Prairial » envahissant la
Convention, il y aurait à demander :

« 1° Du pain ;

« 2° La déchéance du gouvernement
révolutionnaire dont chaque faction abusa
tour à tour du pouvoir pour ruiner, affa-
mer et asservir le peuple. »

La question du pain enfin résolue ne
porterait aucune atteinte à l'ensemble des
revendications progressistes ; au contraire,
ce premier résultat favoriserait toute organisation rationnelle.

« L'Etat est au service des riches, dit
encore M. Reclus, il interviendra : les
communes ne sont-elles pas sous son
absolue dépendance ? il interviendra et,
comme toujours, ce sera pour fusiller, si
le cas l'exige. »

Négligeons les stratagèmes que les
représentants du peuple combineraient

contre une mesure d'utilité publique : la
logique n'est pas responsable de toutes les
capitulations de conscience d'un état parlementaire ; il s'agit de savoir si tel projet
communal du pain à frais communs con-
tredirait les intérêts de la famille sociale.
En reconnaissant que devant la souveraineté individuelle toute objection va-
lable doit être susceptible de généralisation, on verra que le vœu exprimé de tous
nos souverains affamés ou contraints serait abusé dans le cas d'une opposition
parlementaire. Entendons aussi que l'Etat
moderne n'a point qualité pour prohiber
la discussion de cette question, et qu'il
pourrait de toute manière permettre l'assimilation du service communal du pain
gratuit aux services publics. De quelles
raisons justifierait-il son refus devant une
volonté municipale touchant ce point ? Il
ne pourrait le faire qu'en démontrant que
cette assimilation est inconséquente, et ses
considérations devraient établir que la con

sommation du pain à frais communs n'est
point aussi nécessaire pour les habitants
d'une commune que la dépense des eaux,
de l'éclairage et de l'entretien des maca-
dams. La théorie libérale ne s'est point
encore expliquée à ce sujet (1). Elle refu-
serait peut-être d'admettre le système de
pain gratuit, mais on lui ferait remarquer,
comme le fait M. Gustave Geffroy, qu'elle
s'accommode très bien du cercueil gratuit.

Jusqu'à un certain point, mais pas jusqu'à refuser l'impôt, le contribuable trouve
que la gratuité de l'instruction obligatoire,
qui lui est manifestée en impôts directs et
indirects, contrarie le libre exercice de ses
intérêts ; de même subit-il la liberté des
cultes, des expéditions coloniales et autres
budgets chiffrant une dette annuelle appro-
chante de quatre milliards. L'excuse de
tous les impôts passe-droits, c'est que
tout citoyen participe au bénéfice comme

(1) Voir plus loin l'explication de M. Yves Guyot sur
ce point.

5

à la dépense, et qu'il y va pour lui de son intérêt bien entendu. Cette raison peut ne pas apparaître à tous aussi nettement qu'aux rapporteurs du budget, mais, si on l'accepte, on ne peut contester la contribution dont la restitution est le mieux appréciable : celle du pain. La critique du projet établit facilement qu'un tel communisme eucharistique est de nature à troubler profondément la hiérarchie sociale par la garantie sur la vie qu'il donne aux individus. N'est-ce point dire que l'ordre dont nous jouissons se base sur la famine, et qu'on redoute les conséquences d'une vraie liberté intervenant enfin pour trancher la question?

L'abbé Lemire craint qu'on use du pain gratuit « au delà des besoins de la famille » et qu'on le jette « comme le pain donné par les conférences de Saint-Vincent-de-Paul et les bureaux de bienfaisance, qui sert à la nourriture des bêtes qu'on engraisse pour s'enrichir. »

Monsieur l'abbé Lemire critique ainsi, avec beaucoup d'agrément, le pain des pauvres et ne dit rien contre le *pain gratuit*, puisqu'il suffirait, en cas d'abus, pour empêcher le gaspillage du consommateur, de lui délivrer un carnet que le boulanger poinçonnerait et qui vaudrait comme reçu, sans que d'ailleurs la consommation du pain fût entravée, mais on aurait ainsi le moyen de reconnaître les fraudes graves. La supposition de trafic doit être écartée quand le pain sera la chose de tous. Ce pain de la vie commune, et non le pain de l'aumône, serait du reste respecté : il l'est déjà. Je n'avais qu'indiqué cette caractéristique de nos mœurs : M. Montorgueil y insiste :

« C'est un culte. On n'aime pas seulement le pain. On le révère comme le prêtre l'hostie. Le maître de céans, longtemps avant de l'entamer de son couteau, signa dévotieusement la miche. Jeter du pain, fût-ce pour moins d'un centime, était considéré comme un sacrilège, aux incalculables conséquences. J'ai vu mes aînés trembler comme d'une offense mortelle aux dieux nourriciers pour une croûte de pain tombée à terre. Ils eussent jeté, pour s'en éviter l'embarras, tout autre aliment — non le pain symbolique et sacré. »

M. Yves Guyot, avec sa perspicacité ordinaire, a bien vu que le pain gratuit serait indirectement payé sous forme de contribution : il en est ainsi de toutes nos gratuités qui n'ont de gratuit que l'apparence gracieuse ; mais dira-t-on que ce n'est rien, avec la plus-value de la solidarité? J'attends donc de M. Yves Guyot qu'il conteste au nom de l'économie individualiste tous les fonctionnements communistes, à commencer par l'instruction, les cultes, la guerre... et qu'il nous ramène en fait d'éclairage, par exemple, à la lanterne individuelle :

un cynique n'y manquerait pas, mais le philosophe du *Siècle* n'a point assez d'orgueil pour se permettre les trous du manteau.

M. Emile Zola ne juge pas la question, qu'il trouve séduisante, mais, suivant son habitude, il apporte au procès ce qu'il appelle un document : « Est-ce qu'une des causes de la déchéance de la plèbe, à Rome, ne fut pas les distributions gratuites de blé ? »

On peut être un grand romancier moderne comme M. Zola et n'être pas très informé sur la question romaine hors l'époque de Léon XIII. J'aurais donc mauvaise grâce à retenir de la réponse de M. Emile Zola autre chose qu'une intention aimable et la preuve de sa curiosité sur toutes choses éveillée. Du reste, sans l'examen des histoires où la plèbe joue un rôle mal déterminé, on peut dire que les conditions économiques que nous connaissons autour de nous ne sont point celles

de la Rome ancienne, et rien ne permet
de conclure de l'une à l'autre époque. Les
cycles évolutifs s'enchaînent sans se répéter, sentencierait un disciple de M. Her-
bert Spencer.

Je n'abuserai pas des noms propres
pour en imposer à ceux que les raisons
ne touchent pas, mais je ferai remarquer
combien la critique se montra faible et
désarmée devant un projet traité, sans
plus, d'utopie, par ceux que contrariait sa
force nouvelle d'émotion et de pensées.

Dans une formule incisive, M. Henri
Rochefort résume le débat sans en atté-
nuer la portée. « La question du pain
gratuit, posée par M. Barrucand, n'est
certainement pas insoluble. Malheureusement, pour la résoudre, il serait indispensable que la France eût ce qu'elle n'a pas
et n'aura probablement jamais : un gouvernement désireux de régner sur une
population d'hommes libres et non d'affamés, c'est-à-dire d'esclaves et de serfs :

la peur de mourir d'inanition constituant
le plus puissant élément de servitude...
Une fois rassuré sur le danger des crampes d'estomac, l'homme cesserait immédiatement d'être exploitable. En même
temps que la satisfaction de ce besoin
physique, il aurait conquis son indépendance. Cet affreux moyen de chantage :
la faim, échapperait ainsi au gouvernement, qui en a fait un de ses plus effica-
ces instruments de règne. C'est pourquoi,
plus M. Barrucand développera les avantages sociaux et le côté humanitaire de
son idée, plus M. Ribot et ses collègues
la rejetteront avec horreur. »

Les bonnes raisons de M. Montorgueil
sont aussi très pressantes et ses critiques
subtiles sont les plus agréables. J'accepte
bien d'avoir subi en parlant du pain l'attraction mystérieuse du symbole et de
m'être égaré à travers la religion païenne
des moissons sur les pas de Cérès la
blonde, si M. Montorgueil entend par là

que la question du pain précise d'un mot
éloquent en soi la complexe et fuyante
question sociale.

Que le pain sec puisse suffire aux besoins de l'humanité, je n'y ai même pas
songé ; mais je demande en quoi les autres besoins sont dépréciés, et les idéals
rabaissés, et les aspirations vers le bonheur rétrécies, et les spéculations céré-
brales atteintes parce que l'estomac ne
risquera plus de fonctionner à vide chez le
sans-travail : manœuvre, philosophe ou
poète, — en vertu de l'idéalisme économique qui préside à nos destinées.

Quel effort colossal pour un produit
chétif ! dit encore M. Montorgueil. Celui-là
seul qui pourrait penser en dehors des
conditions humaines serait en position de
m'opposer angéliquement les essors de
son idée indépendante et d'affirmer que
je rogne les ailes de la pensée, en parlant
d'une misère comme le pain. Je voudrais
croire, comme un rédacteur de l'*Echo de*

Paris, que l'humanité n'en est pas à un croûton près, mais toutes les morts pour cause de misère m'apportent un démenti. Plus que par disette, il y a des êtres qui meurent de misère et d'orgueil parce qu'ils ne peuvent point lutter et se faire valoir sinon dans des conditions négatives.

Je ne suis pas un humanitaire intéressé aux petits côtés de l'humanité ; je ne viens pas prêcher la consolation et la direction des consciences ; je ne suis pas ambitieux dans une société que j'estime semblable à une association de protestants barbares. Je m'intéresse aux forces perdues ; je trouve qu'il y a chez nous trop de fumier pour pas assez de fleurs ; je plains celui qui tend la main ; à celui qui accepte sa destinée, je n'ai rien à dire ; mais toutes mes préférences vont vers les êtres conscients qui furent violentés dans leurs dispositions et niés dans leur principe, à ceux qui furent courbés aux glèbes pour y creuser leur tombe de toute la terre qu'ils jetaient au piédestal voisin. Je n'éducolore pas le sens amer de la vie : à moins que l'inanition ne soit nécessaire à l'esthétique, nous aurons assez de luttes et d'impuissances contre la fatalité, pour la vigueur tragique de notre âme...

Quand j'émis l'idée du pain gratuit au mois de mai 1895 dans *La Revue blanche*, je ne connaissais rien des propositions dont j'ai parlé ensuite ; j'ignorais même que M. Bénisti avait publié en 1892 *Le Pain gratuit, journal républicain et de réformes sociales paraissant le samedi* pour y proclamer l'humanité Une et Indivisible ; j'ignorais que la *Voix des Communes* avait parlé du pain national en 1891, et qu'un journal de l'Orléanais, le *Progrès de Gien* avait effleuré la question en matière électorale ; ces faits m'ont été communiqués depuis par les intéressés ; mais je savais que tous les écrivains communistes, des Pères de l'Église à Kropotkine avaient réclamé la

priorité du droit à la vie en contestant
l'absolu du dogme propriétaire ; je savais
aussi de quelle ressource était autrefois
pour les déshérités le bien communal et que
la commune communiste, le *mir*, fonctionne encore en Russie. Cette terre ina-
liénable, difficile à restituer avec l'appui
de nos doctrines économiques, je la vis
sous une forme évoluée : ce n'était plus le
sol, mais la richesse publique qui devait
réserver une part inattaquable de liberté
aux individus ; et la conception que nous
avons des diverses formes de la contribution me parut susceptible de servir très directement la cause de tous. Tant d'individua-
lismes généreux ont été jusqu'ici empêchés
et comme étranglés avec ce mot coulant
« l'intérêt général » que j'eus plaisir à lui
chercher un sens moins hypocrite.

Il nous est impossible de nous désinté-
resser du milieu humain où plongent les
racines de notre personnalité, et difficile-
ment refusera-t-on le sens arbitraire qui

nous en est imposé par la tradition et les préjugés, mais il appartient à l'esprit qui tend à s'affranchir de ne pas se payer de logismes sans aucune influence sur la direction pratique de la vie ; les raisons berceuses d'un cauchemar de justice et d'espérance doivent être dénoncées ; il faut dissiper le sommeil d'angoisse qui pèse sur la poitrine humaine, et peut-être n'est-il pas d'autre moyen de désenchanter le délire moral que de montrer aux hommes la différence des ombres qu'ils projettent sur la terre, car les mots qu'on estime nécessaires à la politesse des âmes, manquent de force, dès qu'on entame le dialogue social.

Je persiste à croire qu'il est inutile de parler sérieusement de sociologie, si le droit à la vie reconnu avec le pain n'est qu'un reflet de volonté chimérique, et quand on m'aura convaincu d'utopie — j'attends la preuve — j'accepterai légèrement ce reproche à mon inquiétude. Mais vouloir le bonheur universel et la réfor-

mation humaine par une formule magique,
je me défends de ce travers. Il me plaît
d'être humain et d'avouer sans honte mon
émotion, mais je repousse la tiédeur de
la tisane humanitaire : d'aucune façon je
n'entends l'avenir dans quelque système
de conciliation évangélique.

Au point de vue spécial abordé en passant, il est assez évident que si le besoin
du pain à frais communs n'apparaît pas
aux intéressés, ce n'est pas moi qui l'impo-
serai par la persuasion ; rien ni personne,
aucune autorité ne donnera à l'indifférence
publique ce pain qu'elle réclame du ciel,
car c'est l'œuvre réciproque et non le don
d'une providence, fût-ce la raison d'État
telle quelle devrait être dans une démo-
cratie un peu littérale.

CHAPITRE VI

LE PAIN ET L'HUMANITARISME

Le double stigmate angélique et bestial, encore nettement empreint dans les consciences oublieuses du dogme, se manifeste en morale civique par maintes pratiques aussi rigoureuses qu'incohérentes ; la manière romaine, théâtrale et chevaleresque encore vivace, illumine des croyants dans un sens blasphématoire ; mais ces attitudes ne dépassent pas la valeur éloquente de l'antithèse ; notre nature simpliste se refuse avec horreur à la com-

plexité naturelle, n'accepte pas les nuances
et veut, pour tout dire, des catégories et
des formules. Les novateurs craignent le
reproche d'immoralité, ils hésitent devant l'action sans programme, ce qui ne
veut pas dire sans but, et se gardent des
idées qui heurtent leur croyance arrê-
tée.

En vérité, celui qu'attire une claire
vision nouvelle ne devrait point se soucier
d'être désigné utopiste et ne pas s'at-
tarder en excuses, si d'ailleurs nulle critique ne valait à ruiner son idée et la certitude de son dessein. Mais il semble que
la dissimulation soit de rigueur, dès qu'on
parle, même pour soi. Alors le souci du
bon et du mauvais vient paralyser l'énergie
indépendante et dévoyer le sens des plus
droites intentions. D'autre part, une certaine flatterie n'est pas moins dissolvante :
convaincre d'humanitarisme, par exemple,
l'homme qui réagit contre l'ambiante
inertie c'est le frapper perfidement, c'est

abaisser son allure à la posture courtisa-
nesque.

Sans adopter un quelconque système de
moralisation et de réformation, en laissant
ce souci aux pasteurs calvinistes ou aux
apôtres des religions nouvelles, je crois
que la tâche de ceux qui veulent s'employer au progrès humain dans l'ordre
social est de réagir contre l'apathie d'un
organisme qui ne souffre pas de ses maux,
et de l'amener par tous les moyens à cet
état de sensibilité qui précède la conscience. En ce sens quelques questions
bien nettes doivent être posées, et tout
d'abord celle du pain. Tant que l'humanité
n'aura pas résolu la question du pain, du
pain libre pour tous comme l'eau des fontaines, on peut dire que les hommes n'auront entre eux que des rapports de convention ; les codes et les évangiles auront
beau sanctionner des attaches sociales
et faire appel aux bons sentiments, le
spectacle de la rue démentira ces formules

livresques, et, sans misanthropie, on cons-
tatera que les honnêtes gens sont des far-
ceurs mirant leurs petites âmes dans l'illusion de grands mots.

L'espèce de gêne et de pudeur qu'é-
prouve notre sentiment d'humanité à
propos du pain encore mal assuré au plus
grand nombre, vient de ce que cette
attaque vise à ruiner toutes les pasqui-
nades humanitaires auxquelles nous ne
tenons tant que parce qu'elles sont
des motifs faciles de vertu. Serait-il
vrai que l'homme vit de l'homme, et
que la bonne société, civilisée et colonisa-
trice, prudhommesque aussi, n'est pas
autre chose qu'une association d'oppression mutuelle ? Bien plus, quelle est la
valeur du droit, de la justice et de la morale pour celui qui va mourir de faim ?

Les spéculations, qui constituent en
quelque sorte la métaphysique sociale,
apparaissent tout à coup sans base commune et réelle, et l'on voit que, dans les

conditions actuelles du problème, il est impossible de résoudre l'antinomie des rapports sociaux autrement que par la foi aveugle, avec des termes à double entente qui masquent les intérêts différents et le rictus individuel.

CHAPITRE VII

LE PAIN GRATUIT EN ITALIE

La question du pain gratuit ayant provoqué des mouvements dans la presse étrangère, particulièrement en Italie, nous ne pouvions nous faire l'écho de toutes les opinions, mais il nous a paru intéressant de détacher d'une polémique engagée dans le *Messagero di Roma*, les lettres qui vont suivre.

M. Francesco Sansone, ouvrier typographe, qui soutint la proposition, ignorait à ce moment le texte même de nos articles, et sur la seule information des journaux, il se fit le zélé défenseur d'une idée qui lui semblait bonne, en improvisant une argumentation simple, qui se rencontrait sur des points nombreux avec ce que nous avions dit (1).

(1) D'autre part, en France, on sait que le député Clovis Hugues, s'inspirant ouvertement de nos idées, déposa à la Chambre, au commencement du mois de février 1896, une proposition de loi signée de vingt-deux députés et ainsi conçue :

Exposé des motifs.

Une très intéressante question, dit Clovis Hugues dans son exposé des motifs, celle du pain gratuit, a été soulevée tout récemment dans la presse et dans les assemblées populaires. Il y a eu tout d'abord un peu d'étonnement, même chez ceux que la hardiesse des remueurs d'idées n'étonne plus guère. Il y a eu chez les autres, et il fallait s'y attendre, le facile dédain de la routine et du préjugé devant tout ce qui porte ou semble porter le caractère de l'utopie.

Puis, peu à peu, grâce aux multiples conférences que M. Victor Barrucand a faites en des milieux divers avec tout le généreux enthousiasme de la jeunesse et de la foi, la question s'est dégagée, la réalisation s'est montrée possible. Des esprits réputés pratiques ont admis cette possibilité ; des adhésions sont venues, qui n'étaient ni attendues ni espérées. On s'est dit avec Danton que l'instruction est, après le pain, le premier besoin du peuple ; mais on s'est dit aussi que la société a seulement ébauché ce que la justice attend d'elle, tant qu'elle

Rome, 25 juillet 1895.

La proposition de M. Victor Barrucand vise uniquement ce point capital : *que personne ne manque plus de pain néces- saire...*

Généralement, les possédants qui ne connaissent la misère que de nom sont persuadés que tous ceux qui ne tendent pas la main arrivent, bien ou mal, à assouvir leur faim.

n'a pas assuré intégralement et à la fois l'instruction et le pain.

Dans ces conditions et pour permettre aux municipa- lités d'expérimenter librement la gratuité du pain or- ganisée en service public, nous avons l'honneur de déposer la proposition suivante :

PROPOSITION DE LOI

« Article premier. — Les municipalités sont autorisées à organiser la gratuité du pain en service public.

« Art. 2. — Le pain, fourni gratuitement aux con- sommateurs par les boulangers librement établis et en concurrence, sera payé sur la caisse communale.

« Art. 3. — Le bordereau de livraison du boulanger sera contrôlé par la facture d'achat de ses farines qui devra être produite en même temps. A cet effet, un compte sera ouvert à chaque boulanger par la munici-

Mais si ces messieurs se donnaient de
temps en temps la peine d'entrer chez les
pauvres, ils verraient quelles scènes
déchirantes se jouent dans le secret des
familles indigentes.

La distribution gratuite du pain obvierait
à ces troubles intérieurs vraiment honteux.
Personne ne *manquerait* plus au sens strict
du mot, personne ne mourrait plus d'inanition, et la nécessité ne pousserait plus

palité, et toutes différences pourront être constatées
par l'inspecteur communal qui aura droit de visite chez
le boulanger.

« Art. 4.— Les quantités de pain livrées par le boulanger à chaque consommateur seront mentionnées en
double : 1° sur un livret personnel ou familial délivré
par la mairie, où le boulanger apposera en même temps
sa griffe avec la date de la livraison ; 2° sur un registre
de caisse particulière du débitant qu'il devra tenir à la
disposition de la municipalité pour toutes vérifications
y être faites.

« Art. 5. — Les frais du pain, inscrits au budget au
même titre que les autres services publics, feront l'objet
d'une contribution spéciale (centimes additionnels) que
les municipalités auront à percevoir par les moyens
ordinaires ».

les malheureux à méditer sur le régime
de la prison, où l'on peut manger...

Cependant la proposition étant adoptée,
le pain ne coûtant plus rien, il en résulterait une hausse sensible sur les viandes,
le poisson, le dessert, le vin, les alcools,
le café, le sucre, etc. ; les voitures
publiques, les entrées de théâtres devraient
être taxées d'un droit supérieur ; les riches
devraient accepter des impôts somptuaires
sur leurs chevaux, leurs voitures, leurs
domestiques, etc., etc. C'est bien évident.

Malgré cela, le pain gratuit — puisse
cette formule trouver de chauds défenseurs non seulement en France et en
Italie, mais partout — ne causerait, est-il
besoin de le dire, aucun dommage aux
classes laborieuses, car c'est surtout pour
le pauvre et le travaillenr que le pain entre
pour beaucoup dans l'alimentation (1)...

_____

(1) Le pain gratuit est une répartition inversement
proportionnelle, qui représente d'autant plus qu'on possède moins.

L'imposition frapperait *exclusivement* les riches et les prodigues sur la table desquels le pain figure comme un inutile accessoire (1)...

Comme on le voit d'abord, cette formule, éminemment humanitaire, est encore pratiquement applicable; cependant il est à prévoir qu'elle heurtera, où qu'elle soit débattue, un obstacle très résistant, l'aversion des classes dirigeantes, qui ne négligeront rien pour la combattre, employant toutes les armes et même le ridicule, afin qu'elle soit vite abandonnée et oubliée.

Mais si les déshérités internationaux intéressés à la soutenir insistaient à en

(1) Dans l'équilibre des conditions de fortune, pour tous les individus au-dessus de la fortune moyenne, l'impôt du pain est marqué du signe $+$.

Pour ceux de la moyenne, qui n'a pas besoin d'être autrement déterminée, et qui ne saurait être fixée invariablement, elle veut le signe $=$.

Pour tous ceux au-dessous de la moyenne, et les questions de *classe* n'ont rien à voir ici, elle affecte nécessairement le signe $-$.

réclamer l'application, il est bien probable que leurs efforts persistants et bien dirigés aboutiraient à un heureux résultat.

FRANCESCO SANSONE.

Rome, 1er août 1895.

Maintes objections se sont élevées à la suite de mon précédent article. Une lettre amie en les particularisant me fournit l'occasion d'y répondre :

Je détache de cette lettre le passage suivant :

« Je trouve la proposition excellente, mais peu pratique :

« 1° Parce que nombre de gens abuseraient du pain gratuit pour le gaspiller après en avoir mangé à satiété;

« 2° Parce que d'autres le donneraient à manger aux bêtes, évitant ainsi toute dépense pour leur entretien;

« 3° Parce que d'autres, enclins à la pa-

6

resse, renonceraient au travail dès qu'ils pourraient vivre;

« 4° Parce que le boulanger devant distribuer un type unique de pain, il serait impossible aux personnes aisées de consommer, comme actuellement, du pain de luxe;

« 5° Parce que l'application du projet donnerait lieu à une série incessante de difficultés entre les boulangers et la municipalité. »

Quant à la première objection, vraiment exagérée est la crainte qu'on puisse faire du pain un blâmable gaspillage.

Pourquoi le gaspillerait-on? et de quelle manière?

En le jetant peut-être?

Mais cette preuve, ou toute autre, de folle méchanceté ne provoquerait-elle pas la réprobation de tous ceux qui en seraient témoins?

Dans la deuxième observation, il faut

distinguer entre ceux qui donneraient du
pain à leur chien, par exemple, et ceux
qui voudraient en nourrir du bétail.

Il n'y a pas à s'occuper des premiers
parce que le dommage ne serait pas grand.
Les seconds n'arriveraient pas à cacher
leur fraude, car il faudrait prendre chez le
boulanger des quantités de pain trop considérables (1)...

La troisième objection, qui semble la
plus grave, n'est pas embarrassante.

Comment! des gens qui ont du travail
et auxquels la force ne fait pas défaut,
simplement parce qu'ils auraient droit au

_____

(1) Il me semble, dit un autre correspondant, (n° 215
du *Messaggero*), que la municipalité devrait fournir un
livret au chef de chaque famille.

En délivrant le pain, le boulanger indiquerait la date
et le poids sur le livret.

On éviterait ainsi qu'un même individu pût prendre
du pain chez plusieurs boulangers. Et comme les boulangers seraient tenus de porter leurs livraisons en
double sur un registre de caisse, en mentionnant le
numéro des livrets, on pourrait encore par ce moyen
exercer un contrôle et découvrir les fraudes.

A. M.

pain, se condamneraient volontairement à la paresse ! Mais l'homme n'a-t-il pas d'autres besoins que le pain ? Et qui donc pourvoierait à ces autres besoins, à son vêtement, à son logement, etc.?

Quoi qu'il en soit, il pourra se faire que des exceptionnels — et pour un temps — ne veuillent plus travailler. Ces volontaires de la paresse laisseront alors leurs places à tant d'autres laborieux ouvriers qui ne demandent qu'à employer leur activité. Et, dans nos temps difficiles où, par suite des progrès du machinisme, ce ne sont pas les bras qui manquent mais le travail, le loisir volontaire des fainéants sera une véritable providence pour ceux qui, grâce à leur travail (recherché et mis à haut prix), voudront vivre bien et complètement.

A la quatrième objection il est facile de répondre. Les boulangers cuiront tout le pain de luxe qu'ils voudront et le consommateur de ce produit en payera la diffé-

rence (le prix du pain ordinaire étant dé-
falqué).

Quant aux discussions entre boulangers
et municipalités, le remède à cet inconvé-
nient serait vite trouvé...

(M. Victor Barrucand a parlé d'un inspecteur communal ayant droit de visite
chez le boulanger. On pourrait encore se
soustraire aux exigences concertées des
boulangers par l'établissement des boulangeries communales en concurrence
avec l'industrie privée, si l'on admet que
la concurrence privée soit insuffisante à
assurer un pain de bonne qualité; mais
il convient cependant de remarquer que
cette concurrence porterait justement sur
la qualité, les risques de crédit étant écar-
tés...)

On le voit, aucune des objections pro-
posées ne résiste à la critique même super-
ficielle.

Loin d'être utopique la proposition est
au contraire pratique, très pratique — et

6.

moins compliquée que tant d'autres services qui fonctionnent. En substance, elle aboutit à ceci : que les habitants d'une commune s'étant accordés sur le principe de payer le pain en commun et proportionnellement à leur fortune ou à leurs dépenses, disent à leur municipalité : « Transformez la dépense du pain en service public, comme vous l'avez fait pour l'éclairage et l'eau dans les rues ; ce que vous dépenserez pour cela vous le reprendrez sur la masse, sur nous tous solidairement, par une contribution. »

A ma grande surprise, j'ai vu la politique mettre son nez dans cette question hautement humanitaire. Un parti joue des tours à l'autre : La proposition est parfaite, mais nous la repoussons parce qu'elle vous agrée.

Au contraire, laissons ces déplorables contestations. Le parti qui devrait faire sienne la proposition, qui devrait sincèrement et sans arrière-pensée tenter tous les moyens de l'appliquer serait *le parti des hommes de cœur.*

Oui, tous les hommes de cœur, quelle que soit leur opinion, devraient se grouper devant un intérêt si général, étudier la question, l'approfondir avec amour, la faciliter, la propager tenacement afin d'arriver, dans un bref délai, à conjurer le plus grave des troubles sociaux, celui de l'homme qui souffre, qui languit, qui meurt, faute d'un morceau de pain!

Si, après tout, il y a tel parti déjà constitué qui s'empare de la proposition, en acceptant toutes les collaborations, cela plaidera en sa faveur, et, ce faisant, il aura acquis un droit incontestable à la bienveillance publique.

FRANCESCO SANSONE.

Rome, 2 août 1895.

Permettez que moi aussi j'ajoute quelques mots à la proposition du pain gratuit, proposition qui, à mon avis, n'est digne que de faire le sujet d'un conte de Noël.

Voici mon argument.

En Italie nous sommes trente millions d'individus y compris les femmes, les vieillards et les enfants; en admettant qu'on ne consomme pas, en moyenne, plus de quinze centimes de pain par jour et par tête, nous avons une dépense de *quatre millions cinq cent mille francs* de pain quotidien, qui, multipliée par 365 jours, monte à une dépense totale de *mille six cent quarante-deux millions cinq cent mille francs* par an, somme qui, suivant les promoteurs du pain gratuit, devrait être couverte par une contribution.

Maintenant l'ingénuité serait trop grande (1) de supposer que cette contribution
serait appliquée à la classe qui domine économiquement et politiquement, aux biens
et aux immeubles, comme terres, mines,
maisons, banques, etc.; elle devrait donc
être supportée par la consommation et
d'une façon si lourde qu'elle rendrait illusoire la gratuité du pain, car ce qu'on ne
payerait pas au boulanger on devrait le
payer au fisc.

Il y aurait en outre l'aggravation de
fournir à l'entretien d'un plus grand

(1) L'argumentation, juste en soi, qui veut que les
impôts soient supportés surtout par la classe pauvre,
cesse d'être applicable au cas particulier du pain gratuit, car il s'agit, en l'espèce, de prendre aux possédants
pour donner aux indigents, et cette contribution peut
encore être considérée comme *restitution*. En assurant
la vie des travailleurs, elle leur permettrait, le cas
échéant, de résister à une baisse systématique des salaires. Théoriquement — toute solution pratique de cet
ordre relevant de l'énergie et de l'entente des travailleurs — le rapport du capital au travail pourrait être
fixé, en réduisant au minimúm la *plus-value*. (V. B.)

nombre de parasites qui résulterait inévitablement de ce nouveau privilège.

Que les défenseurs de cette proposition se persuadent que, pour résoudre la question sociale, le pain ne devra pas être gratuit, mais gagné, et comme pour le gagner tout homme a besoin des moyens naturels, comme terres, mines, etc., la question ne pourra pas se résoudre avant que ces moyens soient de droit commun.

CIURRI CESARE.

Il Messaggero, n° 215.

Rome, 6 août 1895.

M. Cesare Ciurri note la dépense du pain gratuit pour trente millions d'individus que nous sommes en Italie, et il ajoute que les municipalités devant prélever cette somme par une contribution appliquée (en partie) aux objets de consommation, la gratuité du pain deviendrait illusoire.

Qnant au chiffre de la contribution, j'observe que, fût-il encore plus fort et même exagéré, il ne pourrait que représenter, du premier au dernier sou, l'argent que ces mêmes citoyens italiens n'auraient plus à dépenser dans le courant de l'année pour se fournir de pain.

Quant à la gratuité dite *illusoire* du pain, je me servirai de trois simples questions pour montrer que M. Ciurri, ayant raison d'un côté, peut encore avoir tort.

Première question. — Le chef d'une famille aisée touche chaque jour gratuitement une quantité de pain représentant une valeur de 1 franc ; mais il achète, pour lui et pour sa famille, encore autre chose (il a de plus des biens mobiliers, immobiliers, etc.) ; enfin l'ensemble des droits nouveaux qui vont à la caisse municipale se montent pour lui à 1 fr. 50 (c'est la part du communisme).

Combien gagne-t-il sur sa dépense journalière par suite du système adopté pour
la distribution gratuite du pain?

Réponse. — Il ne gagne rien, mais, au
contraire il *remet* cinquante centimes.

Comme le voit bien M. Ciurri, le pain
gratuit coûterait cher aux riches.

Deuxième question. — Une personne de
condition moyenne touche également une
quantité de pain de la valeur de 1 franc,
et elle achète pour elle et pour sa famille
d'autres aliments sur l'ensemble desquels
le total des droits nouveaux s'élève à
1 franc.

Combien gagne-t-elle par suite du système adopté?

Réponse. — Elle ne gagne rien et ne
remet rien.

Dans ce cas M. Ciurri a raison : la gratuité du pain se manifeste *illusoire*.

Troisième question. — Une personne
indigente prend chaque jour chez le boulanger, pour elle et sa famille, une

quantité de pain ayant valeur de 1 franc.
Le jour où elle n'aura pas le moyen
d'acheter autre chose combien gagnera-
t-elle?

Réponse. — Elle gagnera 1 franc, c'est-
à-dire la valeur intégrale de son pain.

Et voilà un cas où, M. Ciurri en conviendra lui-même, la gratuité du pain
n'est pas illusoire mais réelle, indiscutable...

F. SANSONE.

CHAPITRE VIII

POUR CONCLURE

Nous devons être d'accord sur le mot pain gratuit aussi bien et plus rationnellement que sur le mot instruction gratuite. En réalité le système proposé, en tenant compte de *ce qui est*, pour aller vers quelque chose de meilleur, n'est qu'une recette économique donnant au pain, considéré comme base de l'alimentation, une valeur marchande proportionnelle aux moyens des individus.

Le pain gratuit serait la marchandise qu'on vend d'autant plus cher que l'acheteur a des moyens plus nombreux de la payer. Le prix du pain varierait même pour chaque consommateur, mais à son insu, d'un jour à l'autre, suivant l'étiage de sa dépense quotidienne.

A Paris, le pain coûte à présent trente-cinq centimes le kilogramme, il ne coûte cependant pas le même *prix réel* pour tous : ces trente-cinq centimes impliquent une notion de la *valeur* qui reste subordonnée à celle de l'*utilité ;* ils sont en fonction de la somme possédée; pour le pauvre c'est peut-être toute sa fortune, et pour le riche ce n'est qu'une fraction négligeable.

En argent, la valeur du pain ne saurait donc être fixée, à cause de ses relations infiniment variables, mais, dans les plus mauvaises conditions économiques, elle peut être *indiquée proportionnellement* par un système fiscal analogue à celui que je propose.

Ces relations, vraies pour chacun, de la partie au tout, réagissant les unes sur les autres par un terme commun, le pain

garanti, ne posent certes pas l'équation
définitive du problème social que la ma-
thématique la plus compliquée est insuffisante à résoudre, mais une première in-
connue s'en dégage, l'affirmation pratique du droit à la vie, qui sous-entend la
confiance mutuelle, et, sur un point, l'intérêt général représente bien, cette fois,
la somme des intérêts particuliers.

On remarquera que le procédé de
contributions indiqué pour la solution
immédiate d'une question urgente n'est
point lié indissolublement au principe de
la gratuité. Les formes économiques différentes varieront l'application de ce principe sans lui rien enlever de sa force
idéale toujours disponible. Dans les sociétés évoluées ou révolutionnées il pourra
revêtir d'autres apparences sans être dé-
passé : il y aurait lieu seulement de l'accorder avec les nouvelles représentations
de la valeur; si l'on suppose aboli tout
système et toute réglementation de ce

genre, c'est la généralisation même de notre idée : tout devient gratuit et le libre accord remplace l'exploitation intéressée ; mais nous n'en sommes pas encore là, en admettant même qu'un idéal puisse être réalisé sans déformations.

V. B.

DEUXIÈME PARTIE

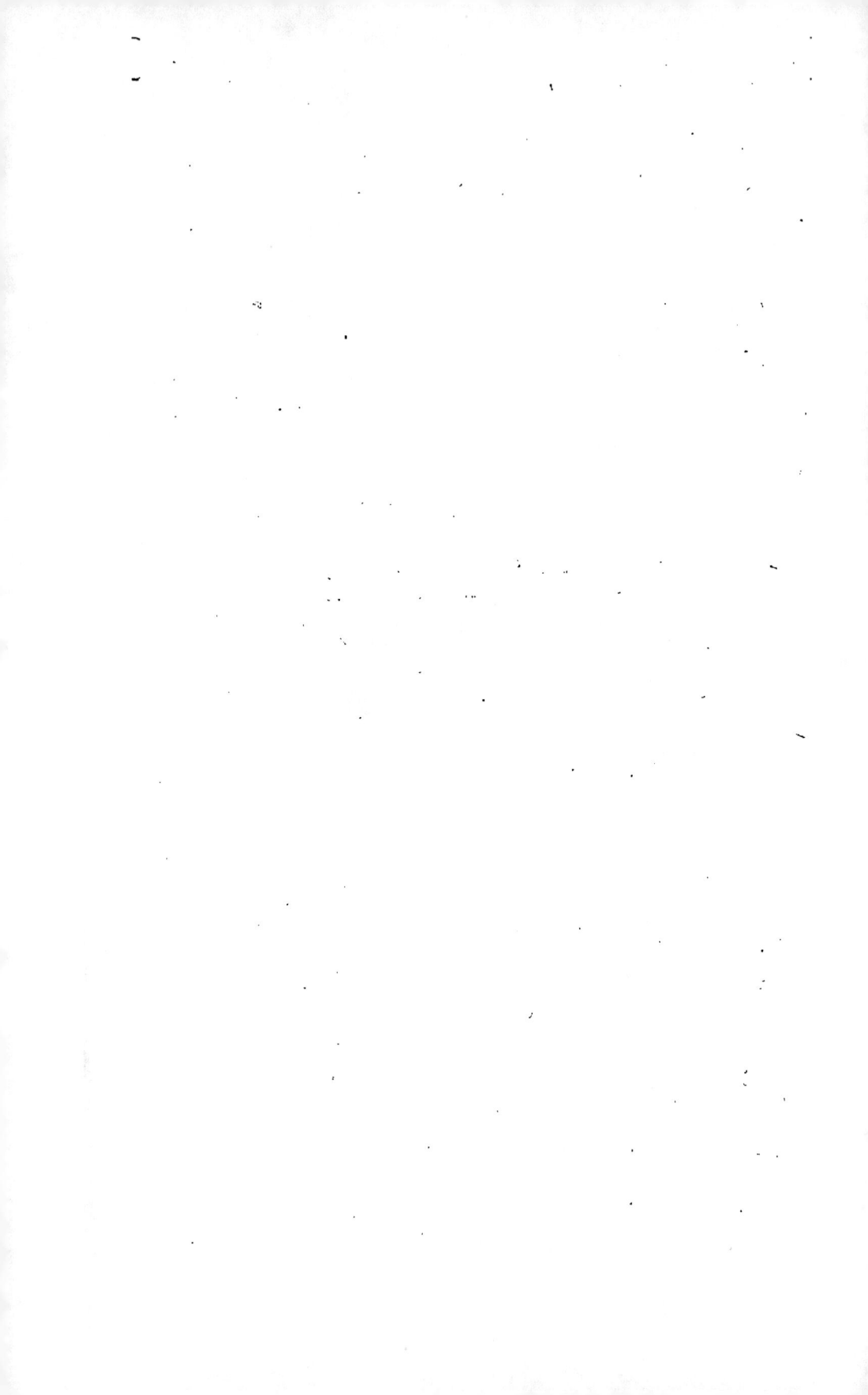

L'ÉCHO PUBLIC

UNE ENQUÊTE

Sur le projet si intéressant de M. Victor Barrucand, dit un rédacteur du *Matin*, nous avons consulté quelques personnes dont l'avis nous paraissait précieux.

M. Élisée Reclus.

M. Élisée Reclus a bien voulu, de Bruxelles, nous répondre ceci :

« Cher monsieur,

« Le plan de M. Victor Barrucand m'intéresse infiniment, et dès qu'il aura le moindre

7.

commencement de réalisation, je serai très
heureux de m'inscrire comme membre de la
commune où le pain sera gratuit. J'ajouterai
que s'il était prouvé que la consommation unique du pain puisse amener des cas d'anémie
— ce que je ne crois pas, vu l'exemple donné
jadis par certains districts de la Normandie —
je ne serais nullement chagrin que l'on ajoutât
au pain ce que l'on appelle dans notre Midi la
Masquedure, le « mâche-dur », nouvel acheminement au communisme futur.

« Mais si louable que soit l'idée de Victor
Barrucand, je la crois absolument irréalisable.
Pour la rendre possible, il faudrait accomplir
une révolution, et, dans ce cas, il importe de
donner à cette révolution une ampleur bien
autrement grande.

« En effet, jamais les patrons, les spéculateurs, les capitalistes, n'admettront un état de
choses qui permettrait à tous les grévistes de
leur tenir tête indéfiniment. Que l'idée Barrucand
soit adoptée, et demain, les donneurs de travail sont à la merci de leurs ouvriers. Les patrons le savent : plutôt que de laisser donner

le pain gratuit, ils massacreront tous le peuple français.

« Quant à l'État, dont M. Barrucand dit qu'il *ne pourrait intervenir dans ce contrat entre particuliers*, l'État est au service des riches ; il interviendra : les communes ne sont-elles pas sous son absolue dépendance ? Il interviendra et, comme toujours, ce sera pour fusiller, si le cas l'exige.

« Tout en étant fort heureux que M. Barrucand ait agité cette question de la gratuité du pain, qui fera réfléchir quelques-uns, je considère son plan comme absolument chimérique. Qu'il essaie, mais il ne réussira pas.

« Cordialement à vous.

« ÉLISÉE RECLUS. »

M. l'abbé Lemire.

Voici maintenant l'avis de M. l'abbé Lemire, député du Nord :

« Monsieur,

« Je reçois et parcours l'article de la *Revue blanche*. Or, en partant d'une humanité sincère et vertueuse, tout est possible en fait de communisme pour la vie matérielle. L'exemple des chrétiens de la primitive Église reste l'idéal. Et il n'a pas duré. On a dû sévir contre ceux qui vendaient leur bien et en dissimulaient le prix.

« Le pain gratuit sera réclamé au delà des besoins de la famille et il servira — comme je l'ai vu pour le pain donné par des conférences de Saint-Vincent-de-Paul et des bureaux de bienfaisance — à la nourriture des bêtes qu'on engraissera pour s'enrichir. Je ne puis traiter tous les points de vue de la question. Évidemment, le pain gratuit, c'est-à-dire l'humanité protégée contre la faim, est chose désirable.

Je ne crois pas que la solution soit là. Je pense qu'elle est dans le travail assuré à tous et rémunéré par un salaire familial...

« Bien à vous.

« Lemire. »

M. Yves Guyot.

Très bref, mais très catégorique aussi, le billet de M. Yves Guyot :

« Mon cher confrère,

« Le pain gratuit ? C'est un non-sens. Quelqu'un le payera.

« Le consommateur ne l'achète pas et ne le paye pas directement ; il le payera indirectement comme contribuable.

« Cordialement.

« Yves Guyot. »

M. Émile Zola.

Au tour, maintenant, de M. Émile Zola.

« Le pain gratuit ? C'est là une bien grosse question, mon cher confrère, et il me semble que M. Victor Barrucand l'a compris, car il ne propose guère qu'une expérience. La vie assurée à tous, certes, rien n'est plus séduisant ; mais, si c'est charitable, est-ce bien juste ? Je me récuse et je ne veux qu'indiquer un document : est-ce qu'une des causes de la déchéance de la plèbe, à Rome, ne fut pas les distributions gratuites de blé ?

« Cordialement à vous,

« ÉMILE ZOLA ».

M. Clémenceau.

En réponse à notre question, M. Clémenceau nous remet un article qu'il a publié sur l'idée de M. Barrucand.

M. Anat. Leroy-Beaulieu.

M. Anatole Leroy-Beaulieu nous écrit :

« Monsieur,

« Il m'est impossible de voir dans cette ingénieuse combinaison autre chose qu'un jeu
d'esprit. Pour peu que l'on songe à l'énormité
des surtaxes et des impôts que nécessiterait
une pareille entreprise, il est malaisé d'y voir
autre chose qu'une aimable mystification de
littérateur. Nous n'aurons de gratuit que le
pain de la charité.

« Bien à vous,

« Anat. LEROY-BEAULIEU ».

M. Millerand.

Le député de la Seine, à qui nous rendons
visite, nous dit avoir lu attentivement l'étude
de M. Victor Barrucand : avec lui, il proclame
la nécessité du pain pour tous. Reste à trouver
le mode d'application. Pourquoi ne pas tenter

l'expérience sur l'une des communes de France possédant une municipalité socialiste ? M. Millerand est persuadé qu'un ministère qui prendrait pareille initiative serait assuré de trouver dans le Parlement une majorité.

M. Jean Grave.

M. Jean Grave s'est exprimé en ces termes :

« Monsieur,

« M. Barrucand parle de faire une œuvre de solidarité et de trouver, dans des souscriptions volontaires, l'argent nécessaire à l'établissement du pain pour tous. Mais si nous parvenions à amener les bourgeois à comprendre que tout le monde a le droit de manger, il ne serait pas plus difficile de leur faire comprendre qu'avec le pain il faut le vêtement, le logement, le beurre et le reste ; qu'à côté des besoins matériels il y a les besoins moraux et intellectuels. Pourquoi alors rapetisser à plaisir nos revendications ?

« N'importe, notre ami croit avoir trouvé un

nouveau moyen d'agitation, il a raison de l'employer; reste à savoir si le résultat répondra à ses efforts, non pas comme réalisation, ce que je crois totalement impossible sous la domination bourgeoise, mais en tant qu'agitation et propagande.

« Cordialement,

« J. GRAVE. »

M. Cornet.

Enfin, pour finir, la lettre suivante qui nous est adressée par M. Cornet, conseiller municipal et ancien boulanger :

« Cher Monsieur,

« J'ai lu l'article : *le Pain gratuit*, que vous avez bien voulu me transmettre avec votre carte. Je le considère comme une utopie communiste bien extraordinaire et je cherche en vain l'avantage qu'elle offrirait à la population.

« Quelle est actuellement la consommation moyenne journalière d'un habitant ? La statistique la fixe actuellement au-dessous de

400 grammes — ce qui, au prix courant de Paris, constitue une dépense par homme et par jour de 15 centimes.

« L'auteur croit-il que lorsqu'il aura fait économiser à chaque citoyen cette somme de 15 centimes, il lui aura rendu un signalé service ? Ce n'est pas admissible.

« L'acquisition du pain constitue la plus petite dépense d'un ménage, surtout à notre époque où nous n'avons plus à craindre les hauts prix d'autrefois de cet aliment de première nécessité. Le projet de le distribuer gratuitement, outre qu'il bouleverserait tout notre système économique, n'est pas praticable.

« N'apportant qu'une infime amélioration à l'état social actuel, il ne tarderait pas à provoquer et à justifier de plus grandes exigences des populations, qui réclameraient immédiatement, et non sans un semblant de raison, la gratuité de la viande, des vêtements, de l'habitation, etc., etc.

« Mais alors, dans cette voie, on se demande où l'on pourrait s'arrêter.

« Il faudrait que la mesure s'étendît à tout ce qui est nécessaire à l'existence, car chacun émettrait la prétention au droit à la vie, sans bourse délier.

« Mais, alors, où irions-nous avec ce système ? Quelle société obtiendrions-nous avec de pareilles utopies ?

« D'autre part, je ne me représente pas bien le boulanger, fonctionnaire public, chargé de la distribution gratuite du produit qu'il fabrique, sous le contrôle et la surveillance de l'administration. Veut-on nous ramener plusieurs centaines d'années en arrière, au temps des talmeliers et des corporations, serviteurs de l'État ? La voilà, la recrudescence du fonctionnarisme qu'on veut éviter !

« Il est possible que des projets de cette nature flattent les quelques socialistes qui rêvent l'État Providence ; quant à moi, je considère comme dangereuses de pareilles tendances qui auraient pour résultat d'annihiler tout esprit d'initiative et d'amoindrir la dignité du citoyen.

« Comme amélioration sociale, il ne manque pas de questions plus intéressantes à étudier et à propager que celle de la gratuité du pain. Je ne crois donc nullement à l'efficacité d'une pareille mesure, je prétends au contraire que l'auteur du projet fait fausse route en poursuivant une telle chimère.

« Veuillez, etc.   CORNET,

« Conseiller municipal. »

Tel est le résultat de notre enquête.

(*Le Matin.*)

REPONSE

Paris, le 11 juillet 1895.

A Monsieur le Directeur du « Matin », Paris.

« Monsieur,

« Permettez-moi de soumettre à vos lecteurs quelques observations : elles concernent l'enquête que vient de publier le *Matin* sur la question du « pain gratuit » posée par moi dans les récents numéros de la *Revue blanche*.

« M. Clémenceau et M. Millerand se montrent nettement favorables à mon projet. M. Yves Guyot, lui, déclare que « le pain gratuit, on le payera ». Il est, en effet, assez évident, et je l'ai dit en propres termes, que « pain gratuit » veut dire « pain à frais communs ». C'est dans ce sens que la consommation de l'eau, l'éclairage des rues, etc., etc., sont gratuits.

« D'après l'abbé Lemire, le pain gratuit serait réclamé « au delà des besoins de la famille ». Mais citons : « Il servira, comme je l'ai vu pour le pain donné par des conférences de Saint-Vincent-de-Paul et des bureaux de bienfaisances, à la nourriture des bêtes qu'on engraisse pour s'enrichir. » M. l'abbé Lemire fait là la critique aiguë des systèmes de charité de la confrérie Saint-Vincent-de-Paul et des bureaux de bienfaisance — nullement celle de mon projet, puisqu'il suffira, pour empêcher tout gaspillage, que le boulanger poinçonne le carnet du consommateur à qui il aura délivré la quantité normale de pain.

« M. Anatole Leroy-Beaulieu estime que nous ne pouvons avoir de gratuit que le pain de la charité. Mais, justement, cette gratuité-là est trop onéreuse à la dignité d'un homme : c'est une gratuité ruineuse et démoralisatrice.

« M. Émile Zola attribue la déchéance de la plèbe romaine aux distributions gratuites de blé. M. Zola me semble peu documenté sur

les causes de la grandeur et de la décadence
des Romains. N'insistons pas.

« A en croire M. Jean Grave, je veux « trouver dans des souscriptions volontaires l'argent
nécessaire à l'établissement du pain pour tous ».
Il y a bien là quelque chose de gratuit, mais
c'est l'affirmation de M. Jean Grave. Je répon-
drai simplement en copiant, dans l'exposé
impartial dont votre collaborateur a fait pré-
céder son enquête, les mots suivants : « Les
municipalités seraient autorisées à couvrir la
dépense du pain en l'inscrivant à leur budget. »

« M. Élisée Reclus, tout en s'intéressant à
mon idée, la déclare irréalisable sans révolution, à cause de l'opposition qu'elle rencon-
trera chez les patrons et les spéculateurs, peu
soucieux de voir l'individu trouver dans cet
appui effectif que lui donnerait, enfin, la collectivité, les moyens de résister à la contrainte
capitaliste. A ce sujet, sans rechercher ici
si l'obstacle serait insurmontable à l'accord pa-
cifique des volontés et si la foi de M. Élisée
Reclus en la révolution n'est pas un peu su-
perstitieuse, je ferai seulement remarquer ceci :
au cours de la campagne de conférences que

j'ai menée ces semaines dernières, et que mon départ de Paris me force à interrompre provisoirement, ce sont toujours les révolutionnaires qui m'ont présenté les objections des conservateurs, les objections que les conservateurs n'osent pas produire, selon la recommandation d'Avinain, et qui sont les seules sérieuses. Peut-être, en effet, des gens ont-ils besoin du cadavre et de la famine — mais ils ne sont pas la majorité.

« Quant à M. Cornet, aujourd'hui conseiller municipal, sa qualité d'ancien boulanger lui donne, en l'espèce, une compétence spéciale. Il pousse des « han! » d'étonnement (mais ce n'est pas une réponse) et lève les bras au ciel.

« Le laissant dans cette position, je vous prie, monsieur le Directeur, d'agréer l'expression de ma considération la plus distinguée.

« Victor BARRUCAND ».

UNE LETTRE
DU PRINCE PIERRE KROPOTKINE (1).

« Viola Cottage Bromley-Kent,
21 juillet 1895.

« Cher compagnon,

« L'idée du pain gratuit pour tous, ainsi que du logement et du vêtement gratuit, est parfaitement juste. C'est par là qu'il faut commencer la révolution : par la garantie de vie — non par l'atelier de production — la production *suivant* la consommation et s'accommodant à ses besoins.

« D'autre part, il me semble certain que si, par exemple, la Commune de 1871 avait commencé par le pain gratuit et le logement gratuit, elle aurait eu incomparablement plus de défenseurs, sans parler de la force qu'elle

---

(1) Cette lettre, adressée au rédacteur qui avait entrepris l'enquête sur le *Pain gratuit*, fut insérée dans le *Matin*.

8

aurait prise pour refaire les idées de l'humanité.

« Ces idées se propageant — et, même parmi les socialistes les plus modérés, elles commencent à se propager — cela change du tout au tout le caractère probable de la prochaine révolution. Nous passerons, à coup sûr, par le pain gratuit, mais il n'est pas dit que nous passerons par le système collectiviste de l'heure de travail servant de mesure au pain que l'on mangera. Cette idée gagnera du terrain, tandis que l'autre en perd.

« Mais il y a une autre question à se poser.

« Le grand ennemi — le plus terrible et cependant le moins assailli, et même adoré, posé en dieu sauveur par les socialistes autoritaires, c'est l'État. Il y a un petit groupe d'hommes, nous, qui en voyons les dangers, le mal, — alors même que se poserait l'idéal socialiste au lieu de l'idéal bourgeois. Très petit groupe qui le combat en théorie aussi bien que dans ses applications. Groupe infime qui comprend les terribles dangers de la prochaine révolution, si elle restait imbibée de son culte de l'État.

« Est-ce à l'un de nous de venir dire :
— Voilà une nécessité. Faisons de la propagande pour que l'État-Commune s'en serve?

« Autrement dit : pour propager une idée
juste (le pain pour tous) devons-nous propager une idée *fausse* (l'État-Commune donnant le pain à tous par l'impôt)?

« Et ceci, à une époque où nous, anarchistes, sommes les seuls encore à prévoir que
tout l'avenir de notre civilisation sera mis en
jeu dans la prochaine révolution, de par ce seul
fait que *État ou Anarchie?* reste encore une
question qui pourra être résolue par la Société
insurgée dans l'un ou dans l'autre sens —
plutôt dans l'un (Etat) que dans l'autre (anarchie) — par suite des préjugés invétérés dans
les cerveaux, de par toute la civilisation égyp-
tienne, romaine, européenne, moderne, ainsi
que par la religion de tous les temps, de toutes
les époques, le droit codifié sur différentes
époques et même la science moderne.

« Ayant cette forêt de forces hostiles contre
nous, est-ce bien à nous de venir dire : —
Tenez, cette question primordiale, le pain,
pourra être résolue par l'État-Commune, au

moyen ·de son arme principale, l'Impôt !

« Que, dans un soulèvement populaire comme celui de la Commune de 1871, des hommes viennent dans cette foire aux galons, dans cet engouement de militarisme, dans cet amour de législation politique, crier : « Le pain pour tous ! le pain avant tout le reste !» et arracher à cet État naissant la garantie du pain et donner ainsi un gage de vie à la jeune Révolution, ainsi que changer le point de vue sur tout l'ensemble de l'économie sociale — très bien ! C'est autant d'arraché au minotaure. Et cela se fera, sans doute.

« Mais, alors même, pour arriver à ce que ce peu se fasse, que faudra-t-il faire ? Toujours assaillir les deux ennemis : le capital et l'État dans leur ensemble. Demander TOUT, ne serait-ce que pour obtenir CELA, et, tout en l'obtenant, crier sur les toits : « Mais ce n'est « pas cela que nous vous demandions ; nous « demandions : *communisme et anarchie*, et « ce que vous nous jetez en pâture n'est que « l'os jeté au chien pour avoir le temps de ra- « masser le fouet.

« Ce que je dis s'applique à *tous* les expédients.

« Ce n'est pas à nous — les quelques qui conservons l'idée dans son ensemble — à nous arrêter à la propagande des expédients ; encore moins de ceux qui, pour répandre une idée juste, propagent une idée fausse en plus et en paralysent l'effet. Il n'y a, au fond, qu'une série d'expédients auxquels on pourra s'arrêter : ceux qui provoquent la révolte.

« Voilà, cher compagnon, les quelques idées que me suggère votre agitation. Elles rentrent, pour moi, dans tout un ensemble d'idées sur les expédients en général. Par exemple, on a fait de la coopération pour rendre l'ouvrier communiste : fiasco complet ! On a prêché le communisme pour la chose elle-même et on ransforme en ce moment ces égoïstes par excellence — les coopérateurs — en socialistes ou du moins en solidaires des mouvements ouvriers. Et qui fait cette transformation ? Les « théoriciens qui ne veulent pas entendre parler de choses pratiques ». Ils ont créé un courant *socialiste pur* et celui-ci envahit la coopé-

8.

ration. Vous trouverez cent autres exemples
du même genre.

« Bien cordialement à vous, cher compagnon.

« Pierre KROPOTKINE. »

OBSERVATION

Le pain gratuit est un « expédient » que
nous ne devons pas propager, conclut Kropotkine, — et il débute par dire que si la Commune de 71 s'était occupée du pain et du logement « à l'œil », c'eût été rudement mieux que
ce qu'elle a fait.

Fort bien ! Mais pourquoi n'a-t-elle rien
tenté dans ce sens ?

Parce que l'idée ne lui en est pas venue —
et elle ne lui est pas venue parce que jusque-
là on ne l'avait pas agitée ; — il ne manquait
pourtant pas de communistes à la Commune,
seulement ils ne l'étaient qu'en théorie !

Dire qu'il ne faut pas agiter cette question
et souhaiter que dans un soulèvement populaire elle prime les emballements politiques
est assez contradictoire.

Parfaite, l'argumentation de Kropotkine contre l'État, — mais la peur de voir le communisme du pain mis en pratique par l'État ne doit pas nous faire fuir la discussion et la propagation de ce minimum de communisme : nous n'avons qu'à y appliquer la critique que nous faisons en bloc du communisme autoritaire.

Autre chose : Kropotkine ne voit en fait d'expédients utiles que ceux qui provoquent la révolte.

Le pain gratuit ne rentrerait-il pas dans cette catégorie ? — Il y en a qui disent « oui ! »

(*La Sociale.*)

REPONSE A PIERRE KROPOTKINE

« Royan, le 28 juillet 1895.

« Monsieur le Directeur du *Matin*,

« Ayant approuvé de la meilleure façon l'idée de la gratuité du pain qui s'oppose à l'économie d'une collectivité autoritaire, Pierre Kropotkine me reproche de propager avec cette idée *juste* une idée *fausse* : l'État-Commune.

« En indiquant de quelques raisons que la bonne volonté sociale serait suffisante à réaliser une réforme aussi importante que le *pain gratuit*, je n'ai pas défendu l'idée étatiste ou communaliste : je n'en ai parlé que comme moyen et pour ne pas introduire dans les conditions générales du problème plusieurs inconnues d'ordre différent.

« Sans parler autrement de « nos institutions », j'indiquais qu'elles subiraient d'impor-
tantes modifications dès que la liberté obtenue
avec le pain se traduirait d'une façon plus morale, c'est-à-dire plus conforme à la volonté
individuelle.

« Dans l'esprit de ceux que j'amenais à
réfléchir sur une question soudaine comme
celle-là, il devait rester, suivant mon intention, une critique basée sur un fait d'ordre
expérimental. A ce point de vue, je n'avais
pas besoin de faire intervenir, *d'abord,* la
société future : j'évitais de prendre position
hors de la question.

« Si je n'ai pas poussé cette critique à fond,
c'est que, d'ailleurs, je reconnais volontiers
que députés et conseillers n'ont pas été nom-
més par la nation pour s'inquiéter des besoins
du peuple, mais pour le représenter sous certains aspect décoratifs qui ne sont pas la
position de tous.

« La commune dont j'ai parlé n'est qu'un
rouage nécessaire à la loi de circulation : je
n'ai point fait appel à une providence d'État,
mais précisé par des moyens possibles une

œuvre réciproque, un contrat synallagmatique avec la formule initiale : « Donnons-nous notre pain quotidien. »

« Pierre Kropotkine reconnaîtra sans doute que la gratuité du pain n'est pas un *expédient*, mais un *terme*, puisque les modifications qu'une société meilleure apporterait à cette idée toucheraient, non le principe, mais les moyens de la gratuité.

« Que me reproche, au fond, le prince Kropotkine ?

« C'est de ne pas conserver l'idée anarchiste dans son ensemble.

« Mais si *l'idée*, dans son ensemble, n'est qu'un sentiment, une belle espérance, si la complexe réalité refuse de s'adapter à quelque plan simpliste, ne pourrait-on pas reprocher aux orthodoxes révolutionnaires d'être des conservateurs d'un nouveau genre : les conservateurs d'une illusion ?

« En toutes manières, les *idées d'ensemble* nécessaires à l'éducation intérieure n'auront point à souffrir de l'actualité que je propose.

« Dans la vie de tous les jours, le miroir tournant des faits est un bon instrument d'édu-

cation, dès que chacun y peut contrôler sa
sensibilité, son reflet approchant, prendre
conscience de soi, avec les catastrophes voi-
sines et l'exposé des idées franches.

« Victor BARRUCAND. »

DÈS AUJOURD'HUI

...Kropotkine semble croire qu'il y a restriction dans une idée aussi définitive, et immédiatement acceptable; sans repousser l'énergie de ceux qui s'inquiètent d'ébranler la masse sociale pour un meilleur équilibre des forces, il semble croire que l'idéal anarchiste se suffit à lui-même : « Propageons cette idéal, disons toute notre pensée, et le reste ira de soi ».

Il est bien certain qu'une telle foi évangélique est très puissante, mais il faut aussi que l'idée pure se réalise, il faut que la masse comprenne d'une façon sensible et que la voix des politiciens ne soit pas la seule qui lui arrive aux oreilles. Il faut, en un mot, dire toute la vérité au peuple, mais il faut aussi la lui pré-

9

senter de telle façon qu'il puisse se l'assimiler.

C'est en ce sens que la formule *pain gratuit* doit être répétée et propagée, car elle possède une force séduisante qui va plus loin que tous les programmes de réforme et qui ne contient aucun mensonge représentatif.

Mais pour que le peuple s'y arrête, il faut lui montrer le côté pratique de la question dès aujourd'hui, — si ces conditions se modifient, tant mieux, mais d'aucune façon le pain gratuit ne saurait devenir un moyen d'autorité et d'esclavage pour ceux qui désirent la liberté.

Quant à la crainte émise par Kropotkine que le gouvernement, après avoir toléré le pain gratuit, s'y oppose, il m'est avis qu'il ne faut pas s'y arrêter bien longtemps pour voir qu'un gouvernement qui commettrait cette gaffe affirmerait la réaction de telle sorte qu'il entrainerait, en réponse, un soulèvement général.

La Sociale.

M. YVES GUYOT S'EXPLIQUE

M. Barrucand répond à ma lettre, dans le *Matin* du 13 juillet : Pourquoi pas le pain gratuit, puisque « la consommation de l'eau, l'éclairage des rues, etc., sont gratuits ».

D'abord, la consommation de l'eau dans les maisons particulières n'est pas gratuite ; l'éclairage des rues a lieu à frais communs : soit.

Mais l'éclairage des rues, l'entretien de la voie publique, la sécurité de la voie publique comme la sécurité extérieure, sont des services indivis qui servent à tous indistinctement. Vous ne consommez pas individuellement la clarté des becs de gaz. Vous ne consommez pas individuellement un pavé ; la circulation est un bien commun et indivis comme la sécurité : aussi, la maintenir est-il un des devoirs primordiaux des collectivités, État ou municipalités.

Si la municipalité gratifiait chacun de nous d'un pavé, il en serait fort embarrassé. Le pain, au contraire, ne peut vous rendre de services qu'à la condition que vous le consommiez individuellement.

Cette distinction établit la limite même des attributions de l'État.

Il ne doit accomplir que les fonctions que ne peuvent pas remplir les individus : telle est la garantie de la sécurité extérieure, de la sécurité intérieure, et parmi ses obligations se trouvent la facilité et la sécurité de la circulation.

Mais jamais ni l'État, ni une commune ne doivent faire acte de commerce, et ils ne doivent pas davantage fournir gratuitement une marchandise quelconque.

Quand l'État ne se borne pas à remplir les devoirs que nous venons d'indiquer, il tombe dans le socialisme.

Le Siècle.   Yves Guyot.

LE PAIN GRATUIT ET L'ÉTAT (1)

Nous n'avons pas encore parlé dans cet aperçu d'un palliatif — « le pain gratuit » — qui a été recommandé récemment et qui a produit, nous sommes heureux de le reconnaître, une certaine sensation.

Il est évident que l'idée mère de cette proposition : « Commençons par garantir la vie pour tous » est parfaitement juste. A mainte reprise, dans nos journaux et nos livres, nous nous sommes efforcé de démontrer que la clef de voûte de l'exploitation actuelle était dans la nécessité pour l'ouvrier de vendre sa force de travail à celui qui possède, et d'accepter ce qu'on voudra bien lui payer. La misère des

___

(1) Extrait d'une étude de Kropotkine publié dans les *Temps nouveaux*.

pauvres fait la richesse des riches. Sans cette misère, point d'accumulation de capital possible.

Et, à l'exposition du socialisme, telle qu'elle fut faite par Thompson, Rodbertus et Marx (la théorie de la plus-value), nous avons reproché surtout de masquer le point de départ de toute cette théorie ; elle glisse trop rapidement sur le fait que le travailleur est *forcé* de vendre sa force de travail — juste pour ce qu'il aura coûté à la société pour la produire, comme le dit Marx, ou plutôt, comme nous le disons, pour ce que l'État, par la législation capitaliste et l'impôt le forcera de vendre sa force de travail ; c'est-à-dire, très souvent (pour des populations et des générations entières) *au-dessous* du strict nécessaire, — ainsi que le prouve la dégénération et l'arrêt de reproduction dans les masses ouvrières des grandes villes industrielles.

C'est pourquoi nous ne nous lassons pas de répéter que le *premier* devoir d'une révolution *sociale* serait de garantir le pain, le logement et le vêtement — le strict nécessaire, en un mot —pour tous. Et nous affirmons que si demain la

Commune est proclamée à Paris ou n'importe où, et que si deux jours après cette proclamation il se trouve un seul habitant qui n'ait pas de pain pour sa famille, un seul qui soit forcé de coucher sous les ponts, faute de logis, ou un seul qui marche encore en guenilles, — *il n'y a rien de fait.* La révolution sociale n'a pas encore commencé : elle est à faire.

Contrairement aux socialistes qui se préoccupent surtout de la *production* future, nous nous plaçons, pour commencer, sur le terrain de la *consommation,* — la production n'étant, selon nous, qu'une adaptation aux besoins créés par la consommation. Au *droit au travail* nous opposons le *droit à l'aisance,* et nous sommes persuadés que si l'idée avait été assez mûre en 1871, et si Paris avait commencé par garantir le pain et le logement à tous les habitants, en faisant appel aux bonnes volontés pour organiser ces deux nécessités de la vie, la Commune eût vécu bien plus de trois mois, même sous les obus franco-prussiens.

Voilà pourquoi nous pensons que chaque fois que l'on cherchera à populariser l'idée du pain, du logement et du vêtement gratuits, on travaillera pour la révolution *sociale*, en sapant un préjugé fondamental de la société actuelle : — la rémunération selon les œuvres.

* * *

Mais s'il faut, pour propager cette idée, créer de nouveaux préjugés, ou même simplement exagérer l'importance d'un changement partiel, on devine notre attitude.

Le révolutionnaire doit au peuple la vérité avant tout — *toute* la vérité. Glisser sur certaines parties de ce qu'il croit être la vérité, serait simplement un crime vis-à-vis de ceux auxquels il parle. Ce serait aussi une tactique absolument fausse. Une fois que nous sommes persuadés que l'Etat est un obstacle à l'affranchissement du peuple, au même titre que le capital, une fois que nous savons qu'il ne peut être mis au service du peuple, — comment pouvons-nous dire autre chose sans mentir à nous-mêmes ? Et quel avantage y aurait-il à le faire, lorsque l'essentiel pour le moment est précisément de démolir le préjugé de l'Etat dans toutes ses manifestations ?

Aussi devons-nous dire que charger les municipalités, au moyen de l'impôt, de fournir le pain gratuit dans les conditions actuelles, serait d'autant renforcer l'Etat. Non seulement créer une nouvelle armée de fonctionnaires sur le dos des travailleurs, mais encore mettre entre les mains de l'Etat une arme autrement puissante et dangereuse que celles qu'il possède déjà : l'arme du pain quotidien. Ce que l'Etat donne, il peut le refuser. Et plus il est puissant, plus grande l'armée à son service, plus nombreuses ses fonctions, plus il est à même d'imposer sa volonté. Si l'Etat *permet* aux communes de distribuer le pain gratuit (les communes étant des succursales de l'Etat, elles ne peuvent le faire sans le consentement du Parlement), il maintient aussi le droit, et il possède aussi la force, de le leur empêcher.

Aussi, quand on nous dit que le pain gratuit permettrait aux ouvriers de gagner les grèves, on raisonne dans l'hypothèse d'un Etat qui *laisserait faire*. Or, si l'Etat n'a jamais laissé faire les ouvriers, pourquoi les laisserait-il faire cette fois-ci ? Il interviendrait, comme il intervient toujours — soit en envoyant des bataillons de va-nu-pieds pour remplacer les grévistes, soit en fusillant les grévistes sous prétexte d'émeute, ce qui est bien plus facile. Et avec le pain gratuit en son pouvoir, il n'aurait qu'à le refuser, pour réduire n'importe quelle grève.

Ceci, bien entendu, sans rien dire des moyens détournés de faire pencher la balance en faveur des exploiteurs...

Elles sont déjà innombrables les ressources des patrons pour vaincre les grèves. Faut-il y ajouter encore l'Etat, c'est-à-dire les exploiteurs organisés et armés de pouvoirs, avec leur intervention — leur droit de donner ou de refuser le pain quotidien ?

*
* *

Si ceux qui croient à la force bienfaisante de l'Etat-nation et de l'Etat-commune mettent le pain gratuit dans leurs programmes — certainement c'est autant de gagné. Si, au lieu de « bains gratuits » et de « lavoirs communaux », dont nous parlent les possibilistes, ils exigent le pain gratuit ; si, en plus des repas scolaires et des bibliothèques communales, les radicaux dirigent la pensée populaire vers l'idée du pain gratuit pour tous, ce qui les amènerait forcément à discuter les moyens de le réaliser (division des fonctions communales, agriculture communale, etc.) — nous ne demandons pas mieux. Pour eux, c'est un progrès immense que de substituer le droit à la vie au lavoir et au bain communal. Rien que de penser à la nécessité de garantir à chacun l'existence, serait déjà, pour eux, un départ dans une direction nouvelle, communiste.

Mais que peut dire à cela l'anarchiste ?

Qu'en pensera celui qui entrevoit les maux de l'Etat, sinon indiquer que, fidèle au préjugé de l'Etat bienfaisant, on crée un nouveau danger pour parer à un mal de la société actuelle ?

En effet, tout l'enseignement de ces dernières années se résume en ceci : — Plus la lutte entre exploités et exploiteurs tombera sous le contrôle de l'Etat (par les conseils de prud'hommes, l'intervention communale ou parlementaire, le logement communal, le pain

quotidien, etc.), moins l'ouvrier aura de
chances de vaincre dans la lutte.

Sa seule chance de vaincre, c'est que la
grève devienne émeute, que de grève elle se
transforme en reprise de possession. Et c'est
précisément cette chance qui s'évanouit de
plus en plus à mesure que l'Etat ou la commune interviennent dans les rapports entre sa-
lariés et patron.

On en voit déjà les précurseurs.

* * *

Ainsi, à mesure que l'Etat intervient dans
les rapports entre ouvriers et patrons, il considère de plus en plus le travail de l'ouvrier
pour le patron comme UN DEVOIR PUBLIC.

Nous avons déjà, si je ne me trompe, en
France, une loi qui traite de crime l'abandon
du travail sur les chemins de fer. Et quant au
dernier programme du parti conservateur en
Angleterre, il est de légiférer beaucoup pour
protéger le travail ; mais, en même temps, le
but est de placer le travail sous le contrôle
absolu de l'Etat. Si les tribunaux d'arbitrage

— organes de l'Etat — décident contre les ouvriers en grève, l'Etat devra *forcer* ceux-ci à reprendre le travail, nous dit John Gorst, le « socialiste » des conservateurs. Et de même partout. — « Tu veux être protégé ? En voilà de la protection, mais aussi, voilà le fouet pour te maintenir salarié ! »

C'est la Convention, fixant le maximum des prix des denrées et réquisitionnant le blé chez les riches, mais frappant de mort les coalitions entre ouvriers. C'est Nicolas Ier, « limitant » les droits des seigneurs sur leurs serfs, pour maintenir l'esclavage qui s'écroulait déjà sous la révolte des paysans.

Là est le danger de *toutes* les demi-mesures qui pullulent en ce moment sur le marché politique et figurent dans les programmes socialistes. Et, une fois que nous voyons ce danger, comment pouvons-nous ne pas le signaler ?

* * *

Remarquons aussi, en passant, que quant aux moyens de réalisation, l'idée de pain gratuit fourni *par le Conseil municipal* nous semble

même inférieure au School-Board anglais.
Les radicaux anglais, en demandant l'instruction pour tous, aux frais de la commune,
avaient du moins pris la précaution de re-
mettre cette nouvelle fonction de la commune
à un corps spécial, constitué en dehors de
l'Etat. Ils créèrent le School-Board — un dans
chaque commune, corps élu *pour l'éducation
seulement*, et tout à fait indépendant du Conseil municipal, quoique touchant tant par
tête des impôts communaux. Ils admirent
même en principe le volontariat : c'est-à-dire,
quiconque prend intérêt à l'éducation peut
être admis dans l'organisation scolaire comme
inspecteur.

Evidemment, dans la société actuelle, avec
les préjugés des masses, et comme d'ailleurs
tous les corps élus, les Bureaux Scolaires anglais sont aussi devenus des nids de bureaucrates et de curés. Mais l'*idée* qui présidait à
leur fondation — corps spécial pour fonction
spéciale — l'idée de la séparation des fonctions municipales, était progressive pour son
temps. Et c'est pourquoi les Bureaux Scolaires anglais ont pu immensément réformer

l'éducation et pourraient encore revivre si
l'idée du volontariat prenait un plus large développement — si le courant radical ne devenait lui-même de plus en plus autoritaire et
centralisateur et n'étouffait toute idée d'auto-
nomie, de groupement volontaire et de fédé-
ration.

* * *

Que ceux qui croient aux réformes parle-
méntaires, ceux qui ne veulent pas travailler
pour la révolution et préfèrent répandre les
idées communistes sous la forme légalitaire,
qu'eux s'emparent de cette idée de pain et de
logements communaux, nous le comprenons
parfaitement. Qu'ils fassent du pain et du logement gratuits une pierre de touche pour juger
les opinions de leurs candidats au gouvernement national et communal, — nous ne demandons pas mieux ! Au moins auront-ils fait
un pas vers le communisme ! Au moins seront-
ils conséquents et feront-ils preuve de compréhension en matières économiques. Assez,
leurrés de chasse après la plus-value, qu'ils

s'attaquent, du moins, aux origines mêmes de la plus-value — le manque de pain.

Mais, vis-à-vis d'eux, quelle autre attitude peut prendre l'anarchiste, si ce n'est de dire qu'en donnant à l'Etat une nouvelle fonction, celle de nous nourrir, nous ne faisons que renforcer d'autant les moyens de coercition qu'il possède déjà. Autrement dit : rester anarchistes et être sûrs qu'en demandant la révolution intégrale contre le capital et contre l'Etat, nous ferons de plus en plus l'éducation économique, aussi bien des masses que de ceux qui prétendent posséder la science économique. Et qu'en propageant de plus en plus vigoureusement nos idées au sein des masses *ouvrières* — les seules qui feront la révolution, tous les autres étant intéressés à l'étouffer, — en ne gardant rien pour nous, mais toujours disant *toute* notre pensée, nous ferons surgir mille propositions de demi-mesures, lesquelles viendront toutes se heurter contre l'Etat, et forceront les hommes à se gendarmer contre ce dieu du dix-neuvième siècle.

Si nous ne battons pas en brèche cette trinité de Capital, État et Autorité, sous les mille et mille déguisements qu'ils vont revêtir pour essayer de surnager dans la tourmente ; si nous n'allons pas les combattre partout, dans l'association, la coopération, le socialisme municipal, la protection du travail et tout le reste, — dans les milieux mêmes où l'on se passionne pour ces palliatifs — qui donc le fera ? Qui arrachera le masque aux dieux méchants, d'autant plus méchants qu'ils réussissent mieux à se déguiser ?

P. Kropotkine.

UNE IDEE D'AVENIR

Le pain gratuit est une idée qui peut provoquer un grand mouvement social.

Sur le terrain des faits les socialistes libertaires peuvent montrer aux collectivistes embrigadés que leurs programmes sont dépassés avant d'avoir vu le jour, et qu'il n'est pas besoin de s'embarrasser du fatras scientifique de Marx pour résoudre la question économique, car la vie garantie, avec les bénéfices de la solidarité, assure à chaque individu une vraie liberté qui lui permet de se développer, d'exister pour lui-même et de travailler à sa guise.

Il peut avec cela battre en brèche la loi des salaires, dénoncer le pacte de famine et rogner les droits du capital qui spécule sur la misère.

Le droit à la vie étant acquis, et le travail n'étant plus forcé au bénéfice des patrons, tout effort humain acquiert naturellement une valeur et un attrait que les organisations collectivistes se contentaient de décréter.

Les moyens que Victor Barrucand indique pour résoudre la question du pain gratuit sont simples et pratiques, et ceux qui objectent que ces moyens sont défectueux, parce qu'ils prennent l'organisation sociale au point où elle en est, ne se rendent pas compte que c'est à cette condition qu'ils sont pratiques. Dès que le *pain gratuit* fonctionnerait, la société actuelle devrait se transformer ou disparaître, car l'exploitation serait atteinte dans ses œuvres vives. Alors il se peut que les moyens de résoudre le pain gratuit soient modifiés conformément au nouvel ordre de choses, mais le principe de la gratuité resterait intact; le capital pourrait cesser d'être prépondérant que le droit à la vie devrait encore échapper aux nouvelles formes de la contrainte sociale; et c'est en ce sens que cette idée est une des plus belles idées de liberté qu'on ait jusqu'ici lancées, sinon la première qui soit intentionnellement en pleine conformité avec notre idéal.

Et puis, quelle excellente question à poser aux candidats qui parlent de leur amour du peuple et de leurs intentions philanthropiques : Etes-vous pour le pain gratuit ?

C'est un coup droit dans l'estomac.

Un Camarade.

La Sociale, 13 octobre 1895.

LA MARIÉE EST TROP BELLE

La question du pain gratuit, posée par
M. Barrucand, n'est certainement pas insoluble. Malheureusement, pour la résoudre il
serait indispensable que la France eût ce
qu'elle n'a pas et qu'elle n'aura probablement
jamais : un gouvernement désireux de régner
sur une population d'hommes libres et non
d'affamés, c'est-à-dire d'esclaves et de serfs :
la peur de mourir d'inanition constituant le
plus puissant élément de servitude.

L'Etat, acquérant le monopole du blé comme
celui de l'alcool et établissant pour le peuple
les mêmes manutentions que pour l'armée,
arriverait certainement à nourrir ou, tout au
moins, à empêcher de mourir de faim nos
trente-cinq millions de compatriotes, au prix

de quinze cents millions par an. Ce serait
l'abandon du Tonkin qui nous en coûte cent,
de la Tunisie qui nous en absorbe quarante,
des expéditions soudaniennes, malgaches et
autres, qui jusqu'ici ont répandu beaucoup de
sang et ne nous ont pas rapporté une livre de
farine.

Ce serait aussi la réduction forcée des
effroyables dépenses de la Guerre et de la Ma-
rine, qui forment le plus clair — ou le plus
obscur — de notre budget de quatre milliards.
Mais Madagascar, le Tonkin, l'Indo-Chine et
la Tunisie m'intéressent d'autant moins que
les mères de famille réduites à se suicider
avec leurs deux, trois, quatre ou cinq enfants
m'intéressent davantage.

D'ailleurs, puisque tout le monde a le droit
de boire de l'eau et de respirer de l'air, on a
en même temps le droit de manger du pain :
le gosier et les poumons ne pouvant jouir de
privilèges dont l'estomac serait privé.

L'appétit est une maladie comme les autres.
Seulement, au lieu de se soigner avec des cata-
plasmes ou des ventouses, elle se soigne avec
des tartines auxquelles les gens fortunés ajou-

tent des biftecks. Or, le devoir de l'État est de
venir en aide aux malades et de leur fournir
les médicaments susceptibles de les préserver
de la mort.

L'idée généreuse et certainement pratique
de M. Barrucand mérite donc d'être soigneusement et scrupuleusement étudiée par tous les
ministres réunis en conseil. Je suis sûr de ne
pas me tromper en déclarant que pas un
d'entre eux ne se donnera la peine de l'examiner, et si, comme on l'annonce, elle était
portée à la tribune de la Chambre, M. Ribot
l'accueillerait par un simple haussement
d'épaules.

En effet, l'adoption par le Parlement de la
gratuité du pain serait le signal de la plus
formidable révolution qui ait jamais boule-
versé de fond en comble une société aussi
foncièrement pourrie que la nôtre. Avec sa
miche sous un bras, une ligne de pêche sous
l'autre, tout ouvrier serait maître de ses trois
repas par jour. Le *Pater* demande « notre
pain quotidien » au nommé Dieu qui, n'exis-
tant pas, est incapable de nous l'accorder ; ce

serait l'État qui remplacerait cette abstraction dans le soin de nous sustenter.

Mais, une fois rassuré sur le danger des crampes d'estomac, l'homme cesserait immédiatement d'être exploitable. En même temps que la satisfaction de ce besoin physique, il aurait conquis son indépendance. Les marins de Boulogne-sur-Mer, qui s'exposent toute l'année au naufrage et à l'engloutissement pour le prix de soixante-dix francs par mois, y regarderaient à deux fois avant de se risquer sur la Manche par les horribles tempêtes qui y sévissent périodiquement. Les patrons auraient beau ordonner l'embarquement : leurs équipages répondraient qu'ils aiment encore mieux manger leur pain sec que de le tremper dans cette marmite-là.

- Les mineurs d'Anzin et de Montceau exigeraient de leur Chagot actuel et de Casimir un allègement de travail auquel ceux-ci, sous peine de ruine, seraient bien forcés de consentir. Sans compter que cette pauvre religion catholique, dont la puissance est établie sur la misère des peuples, ne se relèverait pas de ce coup droit. Les malheureuses familles qui font leurs pâques en échange du pain de quatre livres que leur jettent de temps en temps les institutions congréganistes, se hâteraient de secouer ce joug humiliant et cruel.

Les pensionnaires des bureaux de bienfaisance ne se verraient plus contraints de voter pour le candidat opportuniste, sous menace d'être privés de tout secours.

Cet affreux moyen de chantage : la faim, échapperait ainsi au gouvernement, qui en fait le plus efficace de ses instruments de règne.

C'est pourquoi plus M. Barrucand développera les avantages sociaux et le côté humanitaire de son idée, plus M. Ribot et ses collègues la rejetteront avec horreur.

HENRI ROCHEFORT.

L'Intransigeant, 17 juillet 1895.

L'OPINION DE M. FRANCISQUE SARCEY

Il n'est pas que vous n'ayez entendu parler de la question, qui fait en ce moment quelque bruit, et dont la plupart de nos journaux se sont occupés. Un apôtre, M. Barrucand, s'est avisé de cette idée, qui lui a paru nouvelle et lumineuse que l'homme ne pouvait vivre sans manger, et que tout homme avait le droit de vivre. La société devait donc, selon lui, à l'individu, le pain nécessaire à sa subsistance. Il fallait donc que le pain, qui est l'élément primordial de la nourriture, fût délivré gratuitement à tous. Ce serait l'impôt, payé par tous, qui subviendrait à cette dépense.

Il paraît que M. Barrucand s'en va un peu partout prêchant la bonne nouvelle, je veux dire faisant des conférences sur le thème du pain gratuit pour tous. Il a naturellement beaucoup de succès. On est sûr d'être applaudi, quand on vient dire aux gens qu'on leur donnera pour rien à manger tout leur saoul.

Il est vrai que quelques-uns d'entre eux, plus malins ou plus grincheux, répondent à cette ouverture, par le mot que La Fontaine prête à son ivrogne :

— Ne nous donnerez-vous point à boire ?

L'apôtre à cette objection cligne de l'œil; et il a un sourire énigmatique, qui signifie certainement : laissez-moi faire ! il faut bien commencer par quelque chose. Nous demandons le pain gratuit; mais ce n'est qu'une œuvre. Quand nous l'aurons obtenu, nous irons plus loin, nous réclamerons le vin gratuit, le vêtement gratuit, le logement gratuit, et d'un seul mot : la vie gratuite.

Car enfin, et c'est là le cheval de bataille et de Monsieur l'apôtre et de Messieurs ses disciples; l'homme a le droit de vivre, qui implique le droit de manger.

Les économistes répondent à ces revendications par des exposés de calcul et des chiffres. Ils montrent que donner du pain à tout le monde ce serait pour la société une charge écrasante, que le budget des dépenses, pliant déjà sous le poids de ses trois milliards, s'effondrerait sous ce nouveau faix. Ils plaident l'impossibilité, et l'argument a sa valeur. Mais ils ont l'air d'admettre en principe la légitimité de cette réclamation, et ils crieraient volontiers avec leur adversaire :

L'homme a le droit de manger !

Eh bien ! il faut le dire très nettement : cette concession à un faux sentimentalisme est des plus fâcheuses.

Oui, sans doute, l'homme a le droit de manger. Mais comme il n'y a pas de droit qui n'ait un devoir pour corrélatif, si tout homme a le droit de manger du pain, tout homme a par cela même *le devoir de gagner lui-même par son travail le pain qu'il mange* (1).

C'est une loi qui est aussi vieille que l'humanité et dont la religion chez nous, dans un de ses plus curieux symboles, a donné la formule définitive :

_____

(1). Oh ! Monsieur Sarcey, que vous êtes sévère pour les riches ! (V. B.)

— Tu mangeras ton pain à la sueur de ton front.

Et ce pain même n'est pas toujours assuré, même à ceux qui ont fait loyalement effort pour le gagner. Aussi la religion a-t-elle ajouté à cette prescription du vieux judaïsme : tu mangeras ton pain à la sueur de ton front, la prière du christ : donne-nous notre pain quotidien.

Donne nous ! cela s'entend. Nous avons fait de notre mieux pour le mériter, pour le conquérir. Bénis nos efforts ; nous savons combien l'homme est peu de chose en face de l'implacable nature. Adoucis pour nous son indifférente cruauté. Donne-nous, mon Dieu, donne-nous notre pain quotidien.

Cette loi qui veut que la créature vivante conquiert chaque jour sa nourriture n'est pas particulière à l'homme. Elle pèse également sur tous les êtres. Parmi les animaux, il n'y en a pas un seul qui ne doive, chaque jour, s'ingénier, courir, peiner en cent façons pour se procurer ce dont il a besoin pour ne pas mourir de faim ; et quand les forces chez lui défaillent, et que les circonstances ne le servent

10.

point, c'est une bête condamnée ; elle disparaît. C'est la loi de nature ; c'est la fatalité.

Si par hasard elle vit, comme il arrive parfois, dans une société organisée comme est celle des abeilles, des guêpes ou des fourmis, aussitôt qu'elle ne peut plus rendre à la communauté des services qui paient sa nourriture, on se débarrasse de cette bouche inutile. Tu ne peux plus travailler, tu ne mangeras pas. C'est la loi de la nature, c'est la fatalité.

Nous ne sommes pas des bêtes ; et l'un de nos plus beaux privilèges, à nous autres hommes, qui nous disons orgueilleusement les rois de la création, c'est de dompter la nature, c'est de vaincre la fatalité.

Plus nous nous éloignons de l'animal primitif, plus nous nous élevons dans la civilisation ; plus aussi nous échappons aux étreintes des lois de nature, plus nous affirmons et marquons notre indépendance.

Le sauvage tue son père, devenu infirme, qui n'est plus qu'une charge pour la famille. Il condamne de même à la mort l'enfant débile, qui ne promet pas à la tribu un guerrier capable de poursuivre à la chasse ou à la

pêche les animaux qui doivent lui servir de
nourriture. Ainsi font les singes ; ainsi tous les
animaux. Ainsi hélas ! font même de nos jours
les paysans, imbus des idées ataviques, quand
ils ne sont pas retenus par la crainte du gendarme. Les paysans, on l'a dit plus d'une
fois, sont les sauvages de la civilisation.

Nous avons eu sur ce point, nous les fils
d'une civilisation plus douce, nous avons eu,
et c'est notre honneur, raison de la loi de
nature. Nous avons recueilli les vieillards, les
faibles, les infirmes, et nous leur avons dit :

— Vous, mon pauvre vieux, vous avez
longtemps et beaucoup travaillé pour gagner
votre pain quotidien et celui des vôtres. Vos
bras tombent de lassitude, et vos jambes trop
lourdes refusent de vous porter ; nous vous
donnerons jusqu'à la fin de vos jours ce pain
que vous ne pouvez plus gagner aujourd'hui.
Et vous, mon jeune ami, la marâtre nature
vous a jeté sur cette terre, au milieu de nous,
incapable de rien faire qui soit utile aux
autres et à vous-même. Nous réparerons, dans
la mesure du possible, le tort qu'elle vous a
fait. Ce n'est pas votre faute si vous ne gagnez

pas votre pain de chaque jour ; recevez-le de
notre main.

Ainsi parle la société moderne. Je ne pré-
tendrai pas que l'assistance qu'elle promet aux
déshérités, aux vieux, aux infirmes, soit parfaitement organisée. Je la crois au contraire
défectueuse à beaucoup de points de vue, et
surtout s'il y a un point où elle n'a pris
encore que des mesures insuffisantes. Elle ne
secourt que malaisément et un peu à tort et à
travers ceux de ses membres valides qui,
malgré une bonne volonté évidente, ne trouvent
pas du travail et sont momentanément réduits
à l'impuissance de gagner leur pain.

Il y a de ce côté-là beaucoup à faire ; personne ne le conteste, et tout le monde
cherche.

Mais *le pain gratuit*, ce n'est pas cela le
moins du monde. Il ne s'agit pas de vaincre sur
quelques points particuliers la loi de nature,
dont la religion a donné la formule : tu mangeras ton pain à la sueur de ton front. On veut
la supprimer, l'anéantir, la regarder comme
non avenue. On prétend se mettre en travers

d'un fleuve et le faire tout entier rebrousser chemin, remonter en arrière.

On dit à l'homme : tu n'auras aucun besoin de travailler, tu trouveras ton pain cuit tous les matins.

Pardon ! mais pour que je trouve mon pain cuit, il faudra qu'il ait été cuit par quelqu'un ; et, avant même qu'il ait été mis au four, il y a grande apparence qu'il aura été pétri par des mains de travailleurs laborieux, sans compter que la farine aura mis en mouvement un meunier, qui aura lui-même acheté son grain à un laboureur.

Tous ces gens-là, laboureur, meunier, gindre, boulanger ne se donnent du mal pour fabriquer du pain que dans l'espoir d'en manger eux-mêmes ; s'ils sont assurés d'en avoir de tout cuit sans rien faire, pourquoi voulez-vous qu'ils travaillent? Ce serait trop bête, en vérité !

Le jour où l'on donnera du pain à tout le monde, il n'y aura plus de pain pour personne, par l'excellente raison que personne ne suera à faire du pain, s'il doit en avoir sans l'arroser de ses sueurs, comme disait l'énergique métaphore du temps jadis.

L'homme a un penchant visible et qui est d'ailleurs fort naturel à se croiser les bras, et à sommeiller doucement, comptant sur le hasard qui lui apportera son déjeuner le matin et son dîner le soir.

Ah! qu'il est doux de ne rien faire

dit la chanson.

La nature, qui n'est pas sentimentale pour un sou, réplique à ce vers d'opéra-comique par une vérité brutale : qui ne fait rien ne doit rien manger.

La société n'a aucun intérêt à se mettre en contradiction avec cette inéluctable loi de nature :

— Vous avez de bons bras, mon ami, vous êtes un solide gaillard, et vous ne voulez pas travailler, à votre aise ; mais il n'y a pas de raison pour que je vous nourrisse à rien faire, pour que je vous donne votre pain quotidien. Ceux-là seuls y ont droit qui le gagnent.

Le droit de vivre implique le devoir de travailler. Ce sont là des axiomes de bon sens. Je sens une certaine honte à les défendre et à les développer, mais que voulez-vous ! Il faut bien, dans un temps où les vérités les plus évidentes sont passionnément attaquées, affronter le ridicule de prouver une fois de plus ce qui semblait n'avoir aucun besoin de démonstration.

FRANCISQUE SARCEY.

L'*Etoile française*.

ORAISON SOCIALE

Donnons-nous aujourd'hui notre pain quotidien, telle est la prière que M. Victor Barrucand adresse à ses contemporains dans un remarquable article de *La revue blanche.* Elle n'est pas sans à-propos cette oraison d'homme à homme, car depuis quinze cents ans que nous répétons l'autre, il ne semble pas qu'elle ait eu l'efficacité qui nous en était promise.

Nous sommes parvenus à une civilisation très grande et très belle qui nous inspire une légitime fierté. Nous logeons dans des maisons très bien aménagées, où mille arrangements ingénieux nous mettent à l'abri des injures que la Providence inflige à qui commet la faute de se confier à ses intempéries. Congrûment vêtus, nous nous réjouissons, à domicile, de mille objets d'art, nous avons le soleil, l'aliment du corps et de l'âme, l'eau, le gaz et l'amour à chaque étage. Et le soir, après une journée mal remplie, nous nous endormons dans des couches moelleuses où, à force de bromure, de chloral et de sulfonal, nous obtenons un pénible repos. Ce sont les joies de la civilisation. Par le travail accumulé des siècles, nous sommes arrivés à ce point de confort. Nos aïeux ont peiné pour nous faire ces joies. Nous jouissons du fruit de leur labeur.

Je ne vois qu'un point dans ce paradis ter- restre où se puisse exercer la critique. Ces biens chèrement achetés des misères du passé, péniblement conservés chaque jour par notre effort quotidien, ne sont pas universels. Ce détail n'est pas sans m'embarrasser. Car il est acquis vraiment que des hommes comme nous, qui n'ont rien fait de mal que de naître — ce que je reconnais hasardeux. — sont expulsés de ces beaux et bons logis qui nous procurent tant de joies. On les a vus, ces hommes, on les connaît. Ils vont, ils viennent, ils parlent, crient de douleur ou chantent de plaisir, ils

11

sont heureux ou malheureux, ils aiment et haïssent, ils sont aimés et maudits. Des messieurs bien vêtus reçoivent une bonne paye de l'Etat pour les avoir à l'œil et les *mettre dedans*, comme on dit, quand ils gênent les autres sur la voie publique du gouvernement d'en bas qui ne leur est pas meilleur que le gouvernement d'en haut. Une fois *dedans* on pourvoit, en effet, à leurs premiers besoins, mais dans le plus strict *inconfort* et au prix de leur liberté. Quelquefois même, quand ils sont trop gênants, on les confie à un vilain petit homme — claudicant comme la justice — qui, par la providence d'une ingénieuse machine, les coupe en deux à la grande satisfaction de ceux qui demeurent entiers.

Nous sommes habitués à ces choses, et comme on se fait à tout, particulièrement au malheur d'autrui, nous prenons philosophiquement notre parti du mal qui n'est pas le nôtre. Convenez cependant que tout cela est assez injuste, et que si nous venions d'un globe où il y eût quelque apparence d'ordre et de règle, le spectacle de notre planète nous paraîtrait une pure abomination.

Après beaucoup de milliers de siècles, nous commençons à nous en émouvoir. Brunetière — qui n'est pas pion pour quatre sous — nous inflige le pensum de ses articles pour cause de faillite humaine, et nous condamne à l'éternelle revue de ses deux mondes, l'un sublunaire où il est, l'autre céleste où il sera. Horrible ! Rioux de Maillou, dans un article où je me suis délecté, proclame que c'est le *bon* Dieu qui a fait banqueroute. Le fait est que le vieux démiurge — responsable de tout mal, puisqu'il n'est rien qui ne procède de lui — me paraît avoir de graves comptes à nous rendre, et je suggère à Rioux de Maillou l'idée de lui prononcer son arrêt en plein prétoire céleste, s'il a jamais l'audace de nous vouloir punir pour des actes qui ne sont imputables qu'à lui.

Pendant que nous raisonnons de ces choses, le mal continue de sévir, et l'ordre social de faire fonction de géhenne. Des gens se sont rencontrés pour s'en émouvoir, ainsi que je le disais tout à l'heure. Ceux qui n'avaient point à se plaindre ont fort mal accueilli leurs doléances. On les a le plus souvent soumis à diverses épreuves par le fer et par le feu, après

quoi ils ont cessé de troubler le contentement
des heureux. Aujourd'hui, on ne les coupe en
deux que lorsque la philanthropie républicaine
est bien en colère. Mais, il y a quelques années,
le philanthrope Gallifet en fit une belle mar-
melade.

Pour le moment, les mécontents font des
articles ou des discours, et des gens qui savent
lire, ou à peu près, mais qui ne veulent pas
comprendre, ont fabriqué des lois pour refréner
leur ardeur. Avec les *Iles du Salut* en perspective, on peut dire tout ce qu'on voudra.
C'est la fameuse liberté de Figaro. Nous avons
fait la Révolution depuis, mais pour changer le
moins possible.

M. Victor Barrucand, à qui j'arrive enfin,
appartient à la catégorie des *Changeurs*, ce
dont je le félicite cordialement. Seulement, cet
homme étrange ne nous propose aucun système complet de changement. Il ne nous
apporte aucune doctrine d'ensemble, et ne nous
propose de nous enfermer dans aucune Église
hors de laquelle il n'y aurait pas de salut. Cela
est assez nouveau. Je vous renvoie à son article

qui n'a, à mon avis, que le défaut d'être un peu trop concentré.

Vous y verrez « qu'une société doit trouver en elle-même les raisons suffisantes de son existence et qu'elle ne saurait y prétendre quand la notion dite *intérêt général* ne répond pas à l'accord des intérêts particuliers. » J'estime que cette proposition peut et doit se soutenir. Mais si nous l'accordons, tout le problème social est devant nous. Par bonheur, M. Barrucand ne nous laisse pas en présence du monstre. Il écarte la *consolation du mensonge, la mort fleurie d'espoir* que nous offrent *quelques tristes servants de l'inconnaissable.* Il se débarrasse assez légèrement des socialistes, *prêcheurs* qui nous proposent l'*enrégimentation du travail* pour guérir des maux *qui ne sont pas tous des maux d'estomac.* Enfin, il nous résume sa pensée dans la formule suivante : « De même que l'individu peut trouver en lui-même une raison affranchie de la volonté divine, on conçoit une éthique sociale conforme à l'intérêt équilibré de chacun, et la liberté humaine apparaît suffisante à constituer un monde moral. » Après quoi, sans s'embarrasser

de révolution grande ou petite, sans boule-
verser l'ordre actuel, il nous propose simplement d'aborder le problème social par la
réforme la plus urgente, qui paraît être, à certains égards, la plus aisée : *Le pain quotidien
à tous.*

Il s'agit de savoir si, au point de civilisation
où nous en sommes arrivés, nous pouvons con-
tinuer à tolérer que des hommes, des femmes et
des enfants se tuent de misère, meurent en quelques mois de l'épuisement du travail insuffi-
samment réparé, ou en quelques heures de male
faim. Nos conservateurs républicains ou mo-
narchistes, tous excellents chrétiens, *répondent
non et font oui.* Il est facile de crier contre
l'Assistance publique parce qu'une misérable
mère, après avoir épuisé toutes ses ressources,
attache ses trois enfants à ses jupons pour se
jeter dans la rivière. Mais la responsabilité de
l'ordre social qui permet et *produit nécessairement* ces choses passe fort au-dessus de la
tête d'un enquêteur à douze cents francs. C'est
pourquoi M. Barrucand voudrait, puisqu'on est
à peu près d'accord sur le principe, qu'on s'a-
visât enfin de passer à l'action.

Je disais tout à l'heure que M. Barrucand ne nous proposait pas de révolution. Je me demande maintenant si je n'ai pas parlé un peu vite. Oui, dix-huit cents ans après le Christ, c'est une révolution chez les chrétiens que de prévenir la mort d'êtres humains par la faim lente ou rapide. Eh bien! faisons-la, cette révolution, et que l'homme corrige au moins, pour une part, l'œuvre abominable de Dieu.

Qui veut la fin veut les moyens, dit le proverbe. Cherchons les moyens et cherchons vite, puisque chaque heure qui s'écoule fait des mourants et des morts.

La *gratuité du pain*, c'est bientôt dit. En principe, je dirais volontiers comme M. Barrucand : Pourquoi pas? Mais ce n'est pas l'œuvre d'un jour de pénétrer les cerveaux contemporains d'une telle réforme. En attendant, il faut faire quelque chose. N'êtes-vous pas choqué de cette abomination que, par l'impôt indirect, le citoyen le plus pauvre fournit à l'État, pour les folies coloniales ou nationales, une somme bien supérieure à la valeur du pain qui le ferait vivre. Je dis que c'est là une chose odieuse, un crime. Il vous paraît difficile, dites-vous, de donner le pain aux misérables. Commencez donc par ne le leur pas enlever.

Ah ! monsieur Léon Say, que votre économie politique coûte de crampes à des hommes qui ont faim.

G. Clémenceau.

La Justice.

POURQUOI PAS?

M. Victor Barrucand a publié, en trois récents numéros de la *Revue blanche*, toute une démonstration sur la nécessité d'établir la gratuité du pain. Donnez-nous aujourd'hui notre pain quotidien, est-il dit dans la prière catholique. Donnons-nous aujourd'hui notre pain quotidien, dit l'écrivain, lassé et irrité d'entendre la pauvre humanité demander et attendre toujours, alors qu'elle devrait enfin se savoir libre de faire sa vie.

Le pain gratuit! le pain pour tous! Immédiatement, l'économiste se révolte, le premier venu s'étonne. Rêverie communiste, déclare l'un. Par quel moyen? s'inquiète l'autre. J'aime mieux ce dernier, qui voudrait bien voir se réaliser le miracle, et qui confesse seulement

11.

sa stupéfaction devant une telle idée, l'arrêt de son esprit devant la mise en pratique. L'incertitude est bien naturelle devant le mot nouveau. Il faut l'entendre souvent, s'habituer à ce qu'il représente. Peut-être alors le monstre deviendra-t-il familier. Risquons-nous donc à accepter ce pain gratuit, et ne nous soucions pas de l'étiquette dont on voudra l'affubler. Se débarrasser d'une réforme en la désignant simplement communiste est un procédé vraiment par trop simple, d'une intelligence et d'une loyauté douteuses. Les mots importent peu. C'est ce qu'il y a dessous qui est intéressant. Voyons donc ce qu'il y a sous le mot de Victor Barrucand.

*
* *

Nous ne vivons pas sous le régime du communisme, et pourtant la société actuelle, telle qu'elle est établie et qu'elle fonctionne, en Europe, en Amérique et dans les régions coloniales du monde entier, admet fort bien la mise en œuvre et la répartition communistes. Cela s'appelle service public, et voilà tout. Ainsi, le service de la voirie est assuré pour tous. L'administration des cités pourvoit, au nom de tous et pour tous, à l'établissement, à la conservation, à l'entretien des voies publiques. Chacun a le même droit au pavé de la chaussée, au macadam des trottoirs, aux bancs des squares, aux avenues plantées d'arbres, à la vue des parterres de fleurs des jardins publics, etc. Les immondices sont enlevées d'autorité, pour le bien de tous. De même, la mort est gratuite. Le plus pauvre est assuré d'un cercueil, d'une voiture et d'une part de terre de cimetière.

Il y a là obligation, dira-t-on. Laissons donc la mort pour la vie, et peut-être la même obligation apparaîtra-t-elle.

L'air est gratuit, et c'est la première des conditions de l'existence. Je n'entends pas seulement dire que l'homme a le droit de respirer, et que l'on n'a pas trouvé le moyen de taxer l'oxygène qu'il aspire et qu'il expire. J'entends encore que l'administration des villes s'est préoccupée des meilleures conditions où peut s'accomplir cette fonction de première nécessité. On abat, pour cela, les vieux quartiers, les étroites ruelles, les agglomérations de maisons infectes, on perce de larges rues, on crée çà et là des oasis de verdure. Il y a, de plus, des règlements très formels qui décident quelle quantité minimum d'air doit contenir une chambre, quelles dimensions doivent avoir les fenêtres, et comment le courant de renouvellement doit être créé entre la fenêtre et la cheminée. Il y a, pour assurer l'application de ces décrets, des commissions dites des logements insalubres qui constituent — ou qui peuvent constituer — de véritables comités de salut public, d'une autorité absolue. Il est loisible à ces commissaires de faire modifier ou supprimer tel immeuble reconnu infect. Voilà pour l'air et la respiration.

Si nous passons aux éléments de nutrition, nous constatons immédiatement qu'il en est du liquide comme de l'air. L'eau est gratuite. Beaucoup la payent, ou plutôt payent son transport chez eux, dans leur cuisine, dans leur cabinet de toilette. L'eau, en réalité, ne se paye pas. Il y a, dans les rues, sur les places, des fontaines publiques auxquelles tous peuvent aller puiser.

Reste l'élément solide de nutrition qu'il est

assez raisonnable, je pense, malgré des incon-
vénients, de représenter par le pain. Je gage
que le lecteur le plus effarouché ne trouve déjà
plus la proposition si absurde.

*
* *

Pourquoi pas, en effet ? L'humanité future en
verra et en fera bien d'autres. Je ne puis suivre
M. Victor Barrucand dans les développements
de ses articles. La raison qu'il donne du bien
fondé de sa réclamation apparaîtra sans doute à
tous suffisante : c'est le droit de vivre qui est
celui de tous les associés participants aux devoirs
voulus par une association. Puisqu'il y a
société, il est inadmissible que certains des
sociétaires meurent de faim. Or, cela arrive.
Sauvegardez la vie, d'abord. Qui sait quel
rendement d'esprit, quelle conquête d'intelligence, l'association percevra en échange
du morceau de pain donné par elle.

Quant aux moyens, le promoteur du pain
gratuit ne les voudrait pas compliqués. Autant
que possible, il ne toucherait pas à ce qui
existe. Les boulangers donneraient le pain,

seraient remboursés aux Caisses municipales. Ceux qui peuvent payer leur pain le payeraient comme ils payent leurs contributions. Ceux qui pourraient payer plus que leur pain feraient une déclaration volontaire. Et peut-être cela suffirait-il ?

Je crois, d'ailleurs, que M. Victor Barrucand adopterait facilement tel projet plus pratique que vont certainement élaborer ceux que préoccupent de telles questions d'existence nationale. N'importe qui a le droit de découvrir la formule de mise en œuvre; elle sera la bienvenue. En attendant, que M. Barrucand continue son agitation; qu'il écrive, qu'il parle avec le même talent, la même ardeur, qu'il a déjà manifestés, qu'il fasse la Ligue du pain gratuit, qu'il n'abandonne pas l'œuvre qu'il a commencée, qu'il lui donne sa conviction, son esprit, son temps, sa vie.

Gustave GEFFROY.

Paris.

LE PAIN SYMBOLIQUE

Lettré sans brassière, philosophe sans attache, M. Victor Barrucand ouvre un original débat. Il propose de rendre le pain gratuit. Le mot n'est pas scrupuleusement exact, en ce sens qu'il n'y a rien de gratuit, et, pour parler avec plus d'exactitude, il assimile la consommation du pain à un service public.

M. Barrucand, éloigné des bergeries évangéliques comme des songeries révolutionaires, n'attend d'aucune organisation le bonheur de l'humanité. Il ne veut, en délivrant le pain comme on délivre l'eau et la lumière, qu'assurer à chaque unité sociale, une liberté réelle. Il estime que l'homme n'est pas libre dès qu'il dépend de sa faim.

M. Barrucand soutient sa thèse avec une gé-

néreuse éloquence. Elle est contestable, elle
appelle la controverse, mais elle contraint à
penser ; ce n'est pas son moindre intérêt. Elle
pose dans toute son affolante perspective le
problème de l'inégalité des tables devant l'égalité des appétits. Ce n'est pas là besogne de
rhéteur, qu'on ne s'y trompe pas, mais de
philosophe sensé et profond, qui rejette la
viande creuse des spéculations pour une réalité
tangible, pour un progrès possible, pour une
tentative faisable. M. Millerand va jusqu'à
croire qu'il n'y a point de Chambre pour repousser un tel projet et M. Clovis Hugues
l'adopte.

C'est beaucoup d'optimisme. Le pain décrété
gratuit, ce serait une révolution qui ne s'ac-
complirait pas sans secousse. Mais ce qui, en
grand, paraît irréalisable, est accessible en
petit. Modeste par sûreté, M. Barrucand s'en
tiendrait volontiers à une expérience, dans une
commune. Elle se ferait, que nous n'en serions
point surpris : mais que cette expérience soit
de longue durée serait pour nous étonner
davantage. Ce balbutiement de communisme
n'irait point sans d'énormes difficultés budgé-

taires : car il faut toujours en revenir au
budget. En somme, le pain gratuit c'est du
pain payé — mais payé différemment.

On conçoit nettement l'intention du philosophe. Ce qu'il veut, c'est permettre à tout
homme, sans qu'il ait appelé à son secours le
geste de l'aumône, de se nourrir de la miche
qui tente sa faim. Il suppose avec Chamfort
que la pauvreté met le vice au rabais, et que
la fierté s'incline plus facilement au servage
quand l'accès de la boulangerie est interdit à
l'affamé. Il prévoit des capitulations de conscience que la faim amena ; il avise des êtres
qui s'astreignirent à des tâches qu'ils n'eussent
point faites, s'ils n'avaient eu à gagner leur
pain, et qui furent dès lors violentés dans leur
indépendance. De là sa formule : « Le pain
et la liberté. »

Pour se bien faire entendre, il recourt à
l'exemple qui parle aux yeux avec la violence
de l'image : « C'était, à Halluin, près de Roubaix, le suicide d'un enfant de treize ans. En
apprentissage dans un atelier de tisserand, il
disait que le métier était trop dur et ne lui
plaisait pas. Ses parents, façonnés à la loi du

travail, l'appelaient paresseux. Il disait qu'il
se tuerait si on voulait le faire travailler de
force, et il se tua. Le 18 juin il disparaissait
et le lendemain on retirait de la Lys un petit
corps noyé. L'enfant avait usé de sa seule
liberté, celle de quitter un monde où sa place
était impitoyablement marquée. Avec du pain,
il eût vécu et peut-être trouvé sa voie. Contraint
à une besogne qu'il ne pouvait pas supporter,
il a préféré mourir. Le petit oiseau sauvage
ne s'est pas apprivoisé. »

C'est l'apologue : il est séduisant, il étaye
solidement la thèse que M. Barrucand défend
avec une belle fermeté. L'enfant était condamné
à manger pour vivre ; étant pauvre, il était
condamné à travailler pour manger... Il re-
fusait le travail, ce qui impliqua la perte du
salaire et l'impossibilité de se procurer du
pain. M. Barrucand triomphe : « Avec du pain
il était sauvé : le petit oiseau sauvage s'ap-
privoisait. »

En est-il certain ? est-ce avec du pain, du
pain tout sec, que s'apprivoisent ces petits
oiseaux-là ? Le suicidé d'Halluin n'est pas le
premier qui meurt de dégoût de vivre, au

premier choc où sa volonté s'émousse. Nous
les connaissons par leur confession, ces petits
enfants du siècle. Ce n'est pas de jeûner de
pain qu'ils ont souffert, mais de manquer
de ce qui leur était autrement précieux :
les attentions, les soins délicats, une ten-
dresse inquiète, la chaleur de l'aile mater-
nelle, la douceur des premières affections. Ce
n'était pas leur estomac qui criait famine, mais
leur cœur. On eût donné du pain au pauvre
enfant de Roubaix que, sanglotant, il eût re-
fusé d'y mordre, car l'inanition dont il mourait
appelait un moins grossier, un moins vulgaire
aliment. Quand il se vit en face de la Lys, qui
l'allait vêtir de son transparent linceul, il con-
sidéra tout ce qui lui manquait pour être
rassasié : compréhension de son petit être un
peu compliqué, entente bienveillante de ses
nervosités à fleur de peau, conscience de sa
personnalité orgueilleuse et sans souplesse ; il
n'énuméra certainement point la croûte qu'on
broute assez facilement de ci de là et sans
même se servir de l'appareil avilissant de
l'aumône.

Supposons le pain gratuit à portée de sa

main. Il eût été chercher sa miche ? Et après ?
Manger un peu de pain, n'est pas tout. Le
petit oiseau sauvage en aurait trouvé la saveur
insipide et fade, surtout en comparaison avec
ceux qui ajoutent au pain ce qui en relève le
goût ; car ils sont très grands faiseurs de
comparaison, les petits oiseaux sauvages ; ils
regardent volontiers qui a meilleure branche
et meilleures baies ; ils souffrent de la modestie
de leur condition, de l'envie qui se condense
en haine, de leur stigmate de vaincus à qui
manque une nouvelle force pour, à leur tour,
vaincre.

Que du pain à ces petits oiseaux ! Ah ! monsieur Barrucand, vous vous préparez des dé-
boires !

A notre insu, nous avons fait du pain une
superstition religieuse. Nous avons voulu voir
dans le pain, non la vie même, sans doute,
mais le signe vital par excellence. Le blé,
principe primitif de toute nourriture, a pris en
nos contrées un caractère sacré. La vue de la
moisson a pénétré nos âmes d'une expression
mystique ; et nous avons salué le geste au-
guste du semeur.

Le pain, haute expression des céréales nour-
ricières, est devenu synonyme d'existence. Le
Pater ne demande à Dieu que le pain quotidien, quoique les pâturages et la vendange
ne soient ni choses ni méprisables, ni né-
gligées. « Du pain et les jeux du cirque » est
le cri de la plèbe romaine. « Du pain ou du
plomb » sera le cri des modernes révoltés. La
cherté des communes denrées laisse insensibles
les faubourgs; mais que le pain augmente d'un
sou la livre, la cité s'exaspère, les chaînes
ferment les rues...

Citant ses auteurs, M. Barrucand fait remarquer qu'il n'a point tout à fait la virginité
de l'entreprise. Il a rencontré cette préoccupation du pain pour tous dans les motions
humanitaires du chrétien M. de Montaignac et
du conventionnel Louis Viger. On a demandé
déjà la socialisation du pain : c'est un rêve que
caressèrent bien des hommes; mais aucun,
jusqu'à ce jour, n'avait su, comme M. Barrucand, nous obliger à prendre part à une discussion, qui ne peut qu'être salutaire pour les
réflexions qu'elle inspire, pour le problème
qu'elle pose, pour ce lointain mystérieux où

nos regards plongent, cherchant à lire l'énigme de Demain.

Tant de choses désirables se réaliseront, en vertu des lois logiques et naturelles ; tant de préjugés s'évanouiront comme des fantômes au lever du jour ; tant d'utopies d'aujourd'hui fleuriront vivaces et glorieuses, embaumées à leur tour dans la consécration du lieu commun, que lorsqu'un rêveur clame quelque nouveauté entraînante et lui assigne un rendez-vous dans l'avenir, on n'a garde de sourire. On se tient sur une réserve prudente. Pourquoi pas ? Qui vivra verra bien d'autres merveilles. Pourquoi pas le pain gratuit ?

Mais quand on aura le pain gratuit, laïque et obligatoire, le pain national, pétri par l'armée des geindres, que l'on mordra à la boule de son égalitaire, la vie sera-t-elle plus enchantée ou la misère seulement moins noire ? Le problème des grèves sera-t-il résolu parce que les grévistes auront du pain à satiété, eux qui luttent pour autre chose que du pain ? Et l'enfant qui ne prend que du lait sera-t-il hors de besoin parce que sa laborieuse mère, pour refaire une économie usée, mangera du pain et boira de l'eau ? Et le vieillard vétéran de l'atelier, après un demi-siècle d'énergie dépensée pour agrandir le patrimoine commun, à son déclin, se voyant impuissant et se sentant inutile, aura-t-il son dû parce que la manne tombera dans son désert, la manne chétive impropre à prolonger ses forces défaillantes ? N'est-ce pas rétrécir la question sociale que de la réduire aux proportions de la gratuité du pain ? Quel effort colossal pour un produit chétif !

Ceux qui se bercent encore de quelque espoir sont plus exigeants. Ils entrevoient des réalisations aussi certaines, infiniment plus vastes et d'une efficacité plus sûre : ne serait-ce que le repos et la chère assurés de droit à toutes les vieillesses, et la prime enfance mieux protégée.

La pain gratuit, oui. L'idée séduit. Elle est soutenue, au reste, avec une vigueur brillante et un zèle méritoire. La conviction de M. Barrucand réconforte, c'est si beau l'enthousiasme ! Mais est-il bien persuadé de n'avoir point subi — pour l'amour du pain — l'attraction mystérieuse du symbole, et de ne s'être un peu égaré à travers la religion païenne des mois-sons, sur les pas de Cérès la Blonde ?

GEORGES MONTORGUEIL.

L'Éclair.

UNE FORMULE

M. Victor Barrucand vient de lancer dans *La revue blanche* l'idée du Pain gratuit. Elle concorde trop avec les idées que j'ai tant de fois émises et prêchées, soit dans ma brochure — *Ventre et Cerveau* — soit en diverses conférences, pour que je ne salue pas de tout cœur cet avocat de vérité.

Certes nous différons grandement, lui et moi, d'opinion sur la pratique. Là où il voit le *Pain gratuit* réalisé par l'impôt en argent, moi je le désire acquis par tous par le travail obligatoire. Mais nous n'en sommes pas à discuter sur les moyens de législation, socialiste ou libertaire.

Ce qui me préoccupe, c'est que tout d'abord cette idée s'ouvre dans les esprits que la So-

12

ciété doit avoir pour premier objectif la satisfaction pour tous, sans exception, des besoins
matériels *minima*. Je voudrais qu'on comprit
bien qu'en dehors de toute sentimentalité, le
besoin matériel — la faim — prime tout, que
c'est là un fait indiscutable, inévitable, inhé-
rent à notre nature humaine et que c'est à
combattre la faim que doit s'employer d'abord
la force sociale. Jusqu'ici, on a prétendu se
servir de cette souffrance comme d'un stimu-
lant de progrès. C'est une conception irration-
nelle et antihumaine. Ce n'est pas sur le mal
que peut s'étayer une civilisation normale,
sans quoi on justifierait les coups, les bruta-
lités, les tortures infligées à tel ou tel dans un
but d'excitation au travail.

L'État véritablement fort et libre sera celui
où les hommes travailleront sans y être contraints par la faim ; où la faim supprimée —
— c'est-à-dire satisfaite — ne sera plus
génératrice de colères, de crimes et de pros-
titutions, où elle ne sera plus exploitée par
une minorité pour contraindre les affamés à se
vendre.

Le Pain gratuit, la formule est claire et positive. Il est bon qu'elle soit posée dans cette simplicité pour que chacun y puisse réfléchir en son for intérieur et se persuade de sa justesse.

L'avenir, c'est le pain gratuit.

Jules Lermina.

Le Radical, 2 juillet 1895.

LE PAIN CONSERVATEUR

De quelques lettres reçues de lecteurs de l'*Union nationale*, lesquels semblent s'intéresser à la question soulevée par M. Victor Barrucand, il me paraît résulter qu'en général, l'idée émise par lui est mal comprise et qu'elle a été plutôt dénaturée qu'expliquée par les journaux qui s'en sont occupés.

Il ne s'agit nullement, et comme on paraît le croire, d'un expédient destiné simplement à venir en aide aux nécessiteux et aux indigents ; non, le projet qu'il présente et que nous étudions a une toute autre portée sociale. Il semble donc nécessaire d'en reprendre à nouveau l'exposé général, et c'est ce que je vais faire, bien que n'en ayant pas le texte exact sous les yeux.

Par le seul fait de sa présence sur la terre, tout homme a le droit de vivre, c'est-à-dire d'user des choses indispensables à la conservation de son existence, comme l'AIR, l'EAU, le PAIN, l'ABRI.

Il faut le reconnaître, pour au moins deux de ces choses, le principe de la jouissance en commun n'est même plus contesté, il est acquis.

Ainsi, l'AIR d'une contrée, d'une grande cité, se trouve-t-il contaminé de miasmes nuisibles, d'odeurs méphitiques, sans discussions oiseuses, on entreprend les travaux d'assainissement utiles, ne profiteraient-ils qu'à quelques-uns, une fois faits, qui les paye ?

Une collectivité quelconque qui les impute à un budget formé des ressources communes et dont les charges sont ensuites réparties sur tous.

Que l'on veuille bien en prendre note, personne ne s'étonne de cette façon d'opérer, tellement elle semble simple et naturelle.

Prenons l'EAU, fait-elle défaut quelque part, vite on va la chercher au loin, pompes, aqueducs, syphons, tout est mis en œuvre et bien-

12.

tôt la voilà qui ruisselle dans nos rues et dans nos habitations.

Encore une fois, qui paye ?

Mais on vous l'a déjà dit, *une collectivité* quelconque qui répartit les frais, non pas, remarquez-le bien, en raison de ce que chácun consomme, mais en proportion de la part que chacun détient dans la fortune générale.

Et pourquoi ce mode de répartition ?

Pour que nul ne puisse être privé de cette chose reconnue indispensable à l'existence, l'EAU, aussi, et j'insiste sur ce point, que l'individu consomme peu ou beaucoup aux fontaines publiques, qu'il se livre à des ablutions fréquentes ou qu'il conserve sa crasse, la collectivité ne veut pas s'en inquiéter, elle sent que réglementer en pareille matière c'est presque interdire et l'esprit public a la vague intuition, qu'en pareille matière, l'abus ou le gaspillage ne sera jamais la ruine.

Non, ce ne sera jamais la ruine, car propreté pour une famille, pour un peuple, vaut richesse, et là où l'eau coule à flots, quelle que soit la pauvreté du logis, on respire à l'aise, l'enfant débarbouillé appelle le baiser sur ses

joues roses, comme aussi, quelque rapiécié
soit-il, le vêtement n'est plus un haillon s'il
est propre.

L'homme alors est heureux chez lui, il s'y
plaît, il y reste, il ne se sent plus comme
dans les taudis de nos faubourgs, la brute
échouée dans son fumier ; sa dignité se relève,
il n'a plus honte des siens et de lui-même, et
c'est chaque matin avec un nouveau courage
qu'il revient à l'ingrate besogne.

Qui donc profite de cette énergie nouvelle ?

Qui donc bénéficie de l'apaisement de ses
instincts de révolte ?

Qui donc a avantage à ce que le désespéré,
le haineux d'hier soit le travailleur joyeux
d'aujourd'hui ?

Eh ! vous le reconnaissez vous-même, n'est-
ce pas, c'est cette collectivité qui a su faire
une avance nécessaire au prolétariat et qui se
la voit rendre au centuple aujourd'hui.

C'est cependant vrai, direz-vous, et tout
cela nous paraît fort juste, mais il faut s'arrêter là, car si l'air et l'eau sont bien du ressort de la collectivité et si elle a bien tout avan-

tage à les procurer à tous, le pain est affaire individuelle, elle n'y peut rien.

Ah ! vous n'y pouvez rien, s'exclame alors M. Barrucand, mais vous allez tout au moins nous en expliquer le pourquoi ? car enfin, s'il existe des raisons péremptoires pour la gratuité de l'air et de l'eau, elles sont et doivent être identiques pour la gratuité du pain et de l'abri.

Pour les deux premiers, vous le reconnaissez, vous n'avez fait qu'une avance immédiatement remboursée par ceux qui possèdent sous forme d'impôts indirects et sous forme de services sociaux par les autres, ceux qui ne possèdent pas, eh bien, je ne vous en demande pas davantage pour les deux derniers, le pain d'abord, l'abri ensuite.

Tenez, prenons un exemple pour mieux nous comprendre :

Nous jouissons tous de l'AIR, mais, au fond, ne l'ont gratuitement que ceux qui le respirent exclusivement dans les rues ou en rase campagne.

Je veux le respirer chez moi, c'est mon droit, mais il me faut, sous forme d'impôt des portes et fenêtres, payer une rémunération à la collectivité.

Suis-je riche, ayant fenêtres sur mon balcon, véranda sur un jardin, porte cochère sur la rue, je paye un certain chiffre, mais moins élevé que celui de mon voisin, qui n'a, lui, qu'une porte charretière et tout juste de fenêtres pour éclairer son atelier. Quant à celui qui n'a ni feu ni lieu, il ne paye rien, bien qu'il respire tout de même.

Mais croyez-vous vraiment que ce misé-reux est indemne? Hélas! non, car c'est juste-ment sur la plus-value de la revente probable de son travail que compte le patron pour acquitter la note du percepteur. Car il a fait l'avance, c'est vrai, mais c'est *Populo* qui va la rembourser, et il ne peut pas en être autre-ment puisque lui seul produit.

Prenons l'EAU; elle aussi est en apparence gratuite, mais à la condition formelle d'aller la prendre à la fontaine de la rue ou du carre-four.

Je veux l'avoir dans ma maison, sous ma main, pour mon travail ou pour mon plaisir, c'est mon droit, mais il faut que je la rembourse à la collectivité à tant le mètre cube.

Si j'en use beaucoup, si j'en arrose mon jardin, si je fais de la natation à domicile, j'en paye beaucoup, si j'en use peu, j'en paye peu, mais si je vais la chercher sur la voie publique, je ne paye rien.

Mais croyez-vous vraiment que celui-là qui ne paye rien est absolument indemne? Hélas! non, car ce n'est toujours que grâce à lui que le rentier se constituera des revenus à l'aide desquels il payera le percepteur. Le rentier a fait l'avance, c'est ce bon Populo qui va rembourser et il ne peut pas en être autrement, car le rentier ne produit rien et c'est Populo qui produit tout.

Eh bien! maintenant, supposons le PAIN *pour tous,* comme le sont déjà l'AIR et l'EAU, supposons que la collectivité rembourse à chaque boulanger exactement le prix de la farine qu'il aura fourni à tous ses clients, prix augmenté bien entendu de la main d'œuvre utile à la panification.

Riches ou pauvres, personne n'aura donc plus à payer son pain, car cette dépense sera couverte par un impôt indirect, un centime

additionnel quelconque comme pour les chemins vicinaux, par exemple, mais, bien entendu,
celui qui en voudra de ce pain se rendra chez
le boulanger comme il va à la fontaine, et
sous réserve de justifier par une preuve
d'identité qu'il fait bien partie de la collectivité qui a assumé le remboursement, il en
prendra gratuitement son nécessaire.

Mais s'il vous plaît à vous de vouloir votre
pain à domicile, si cette qualité populaire, com-
posée de tous les éléments nutritifs du blé, sauf
le son, vous déplait, votre droit reste entier.

La farine est à vous, puisqu'elle est donnée
par la collectivité, mais, en sus, vous payerez
directement en numéraire, et, tout comme
aujourd'hui, le supplément de travail que vous
exigerez.

Qui mangera du pain de luxe aura à sa
charge la différence ; qui voudra du pain blanc
fera de même, dans des proportions moindres ;
qui se contentera de pain ordinaire ne payera
rien personnellement.

Est-ce à dire que l'avance à lui faite sera
perdue ? Non certes, car la collectivité, de même
que dans les cas précédents, en retrouvera de

suite l'équivalence, car alors même que les conditions économiques actuelles du travail ne changeraient pas, de suite les employeurs verseront exactement *en moins* comme salaire la somme qu'ils payeront *en plus* comme impôt.

L'équilibre s'établit et là encore le pain pour tous ne se trouve être qu'une avance, et une avance que, comme les autres, ce vieux frère de Populo s'empresserait de rembourser ; convenons-en, tout cela n'est pas bien révolutionnaire.

Eh bien ! soit, dit la collectivité, battue cette fois dans ses derniers retranchements, j'admets que pour le travailleur, je puisse le faire, certaine que je suis de rentrer dans mes avances, mais pour celui qui ne travaillera pas, soit chômage, soit paresse, j'y perdrais et je ne veux pas perdre.

Eh bien ! alors, répond Victor Barrucand, abordons ce côté de la question, et résolvons-le.

Est-ce vraiment au seul point de vue de la dépense qui vous incombera, à vous les privilégiés de l'ordre social, que vous ne voulez pas vous rendre à nos raisons ?

Si oui, rassurez-vous, car, en vérité, cette

dépense sera bien faible en raison des avantages et de la sécurité qu'elle vous apportera.

Actuellement dans les besoins multiples que notre civilisation a imposés à l'homme, ceux que le pain seul est appelé à satisfaire sont en bien minime partie.

Ce n'est donc pas, soyez-en bien certains, patrons qui vous effrayez d'avance, parce qu'il paraîtra avoir son pain gratuit et rien que son pain, que l'ouvrier d'industrie s'arrêtera de travailler. Il gagne de 5 à 10 francs et néanmoins se plaint de son salaire, et quelquefois même il a raison, tellement ses autres charges sont nombreuses ; ce n'est donc pas parce qu'il n'aura plus à payer directement au boulanger de 30 à 50 centimes de pain qu'il s'arrêtera de travailler et se croira rentier.

Au fond, et nous le savons tous, rien ne sera modifié dans les difficultés de son existence parce qu'il ne payerait pas cette somme, pas plus, du reste, que la vôtre ne s'assombrira pour vous, bourgeois, propriétaires, patrons, parce que vous aurez à verser annuellement 50 ou 100 francs de plus au percepteur, somme que, du reste, vous aurez largement payée de moins d'un autre côté.

Donc il continuera lui de travailler, vous de l'employer et de vivre de son travail, mais le grand changement, c'est qu'il n'aura plus sur la gorge la main mise de l'effroyable nécessité qui aujourd'hui l'enserre et qui, dans le langage populaire, se traduit de ce mot énergique : « Travaille ou crève ! »

Avec le pain pour tous, il redevient l'arbitre de ses propres destinées, il travaille toujours et toujours veut travailler, car il sait que ce n'est que de sa sueur et de sa peine qu'il doit attendre le moyen de remplir ses devoirs sociaux, mais si le collier de misère se resserre, si l'air lui manque, il veut pouvoir, et par ce système il le peut, retrouver sa dignité d'homme ayant à débattre des intérêts vis-à-vis d'autres hommes, il veut pouvoir sans risques s'arrêter et dire : « Je n'irai pas plus loin », et ce droit, croyez-moi, on ne peut pas le lui refuser.

Restent alors et seuls en cause, les fainéants invétérés, les éternels chercheurs d'ouvrage qu'ils ne veulent pas trouver, les trimardeurs par vocation, les rôdeurs, les vagabonds. Mais combien supposez-vous qu'il s'en trouve sous ce beau ciel de France; un million?

Eh bien! soit, un million, je ne lésine pas, vous le voyez; mais vous consentez aussi à reconnaître que quatre livres de pain par jour et par tête peuvent les satisfaire. Eh bien! cela représenterait, au cours actuel du blé, environ 150 millions de francs, et ces 150 millions, relisez et regardez voire budget de trois milliards cinq cents millions, vous les dépensez déjà, et vous les gaspillez deux fois, si ce n'est plus, et, sous couleur d'assistance officielle, personne n'est réellement secouru.

Avouez-le donc, dirigeants du jour, ce n'est pas la dépense qui vous arrête, c'est votre suprématie sociale, c'est votre domination de caste qui vous semble menacée, et vous ne voulez pas faire de bon gré le premier pas dans cette voie nouvelle, dans cette évolution sociale cependant nécessaire.

Vous vous dites, n'est-ce pas :

Donner le pain au travailleur, c'est le rendre libre d'accepter ou de refuser les conditions actuelles du contrat de travail dans notre société capitaliste.

Et cela nous ne le voulons pas et nous ne le ferons pas !

L'aveu est net, aussi M. Victor Barrucand l'enregistre avec soin : Nous vous offrons, dit-il, les moyens pratiques de mettre la Révolution d'accord avec les faits sociaux.

Vous ne voulez pas, tant pis pour vous, c'est votre droit, je le reconnais, mais le nôtre, qui vaut tout autant, mieux même, car il se solidarise avec l'*éternelle justice*, reste entier...

ALFRED CRETIN.

L'Union nationale.

LE PAIN RÉVOLUTIONNAIRE

———— ————

« Le Sage, disaient les anciens, porte sa loi
en lui-même. »

Mais tous les hommes sont-ils des sages?

Là n'est pas la question, car personne ne
possède l'aune à toiser la sagesse. La vraie
sagesse pour tous, c'est que chacun soit lui-
même. Mais, pour atteindre à cet individualisme, dans des conditions qui puissent être
généralisées, il faut reconnaître que les
hommes ont entre eux des points de contact,
d'où résultent des libertés qui s'exaltent l'une
par l'autre et dont l'accord constitue justement
le milieu social.

Au premier rang de ces identités, vient la
nécessité du pain, qui nous est commune à
tous. Pour les hommes qui ne vivent pas seu-

lement de pain, il leur faut cependant vivre
d'abord — et ensuite philosopher. Si révolutionnaire qu'on soit, il est difficile de renverser l'ordre de ces deux termes : l'idéaliste le
plus fougueux mange aussi le pain quotidien.

On acceptera donc, malgré toute déclaration
de principes politiques et la menteuse égalité
des droits, que l'individu le plus hors la loi,
hors la société, c'est celui qui va mourir de
faim. Or, légalement, tout individu peut mourir de faim ; et, si les économistes étaient
francs, ils diraient même qu'il le doit, quand
les conditions *générales* l'y obligent. Sans
exagération, on remarquera que toute notre
société actuelle repose sur la légalité de la
famine qui dénie à l'individu toute liberté
d'attendre et de se déterminer. C'est un crime
que d'être sans travail, — ou de n'accepter
pas le travail aux conditions imposées. Et ce
crime, inavoué par le Code, est puni de la
peine de mort.

C'est à ce point de vue que la question du
pain assuré contient en germe toute la question
sociale. Si la vie, dans sa forme élémentaire,
était solidarisée entre tous ; si le milieu social

offrait cette résistance, ce point fixe et inflexible, acquis à chacun, la liberté qui en résultèrait suffirait à constituer une société rationnelle. Ce serait la base où bâtir quelque chose de solide : une architecture toute nouvelle où les unités sociales seraient en bon équilibre.

Quelle que soit la beauté des rêves et des horizons espérés, il faut donc ne pas perdre pied et reconnaître combien est essentielle la conquête du pain. Ce minimum de droit à la vie, on ne saurait pourtant le dédaigner et il faut d'abord se l'assurer. Le jour où nous l'aurons, sans concessions ni bassesses, nous aurons tous les bénéfices de la liberté et tous les droits. Le plan du monde nouveau, qui ne sera peut-être pas conforme aux programmes que nous connaissons, doit sortir spontanément de ce grand principe social, comme un chêne vigoureux se développe de son germe, solidement établi dans un terrain nourricier.

* * *

Lepelletier de Saint-Fargeau, dans son plan d'éducation, le disait déjà : « La révolution n'a rien fait encore pour les prolétaires, dont la seule propriété est dans le travail. La féodalité est détruite, mais ce n'est pas pour eux, car ils ne possèdent rien dans les Communes affranchies. »

Condorcet le voyant et le philanthrope un peu naïf se méprenait sur le sens du problème en considérant l'égalité des droits politiques comme un acheminement à l'égalité économique.

Babeuf n'admit pas que la République pût être fondée sur un autre principe que le *tout à tous*. Il reste le grand ouvrier de la Révolution sociale et comme théoricien et comme homme d'action.

Tous les révolutionnaires modernes, sans en excepter les collectivistes, doivent se ré- réclamer de Babeuf bien plus que de la Révolution constituante et législative. Babeuf guillotiné pour ses idées, à une époque où la guillotine politique avait cessé de fonctionner, ne mourut pas tout entier : ses idées et sa propension à l'action immédiate devaient lui suivre ; on les retrouve dans les insurrections de Lyon et de Paris, en prélude de la révolution de 1848. Au jour du triomphe populaire, elles furent malheureusement escamotées par les politiciens, les journalistes et les orateurs ; mais Blanqui est le descendant de Babeuf en ligne directe. La mystagogie saint-simonnienne avec sa théocratie industrielle et financière dont notre juiverie n'est que la parodie, le vague humanitarisme de Cabet, les systèmes raffinés de Fourier l'harmonien, l'homme du bonheur universel, la critique robuste de Proudhon concluant à la *gratuité* du crédit par l'échange, et les démonstrations algébriques de Karl Marx pour préciser l'X sociale, tout cela se résume aujourd'hui pour nous dans l'affirmation pure et simple du droit à la vie, au système des *gratuités nécessaires* dont la plus expressive est, dès maintenant, proposée dans la gratuité du pain, ce premier point du **communisme expérimental** auquel les

13.

progressistes doivent s'attacher, sans rien abjurer de leurs idées critiques, comme à la première des libertés économiques.

Tant qu'on n'aura pas compris cette *fonda-mentale*, les révolutions seront sans portée.

Dès qu'on le pourra, qu'on fasse plus, qu'on fasse mieux, mais que l'on fasse *au moins cela*. Que les hommes s'accordent entre eux le droit de *consommation* et la production suivra, car elle n'est que le deuxième terme du problème social.

Dès qu'on pose la consommation à la base de la question, elle doit se résoudre *forcé-ment* dans un sens de liberté, mais si l'on conserve la production pour la production, la solution même révolutionnaire qu'on en donnerait ne peut être qu'esclavagiste.

Libérons l'individu !

Et pour cela, qu'il puisse vivre d'abord !

* * *

Avec cette idée si simple et si féconde en *résultats possibles*, nous avons un excellent terrain d'action, et beaucoup de travailleurs qui, jusqu'à présent, redoutaient d'examiner avec nous la question sociale telle qu'elle est, ont adhéré avec enthousiasme à la nouvelle tactique ; quelques bons camarades qui, pour une raison ou pour une autre, gardaient depuis longtemps le silence, dégoûtés peut-être par l'indifférence de la masse aux idées abstraites, sont disposés à organiser force réunions dans toute la région, et à intervenir en toutes occasions pour aiguiller l'opinion publique sur la question du droit à la vie qui, présentée ainsi, passionne tous ceux qui l'ont comprise.

Beaucoup de socialistes, désertant les stériles luttes politiques, ont compris que les intérêts ouvriers seront tout autrement favorisés par l'entente économique que propose l'idée du *pain gratuit* indifférente à toute raison politique, et qui permet l'accord immédiat de toutes les bonnes volontés.

Nous avons donc pu organiser un groupe de propagande très vivant et bien adapté aux conditions actuelles de la lutte ; tout le monde peut y entrer, par simple adhésion morale, la plus grande liberté étant laissée à chacun pour combattre en faveur du pain gratuit, suivant la tactique qu'il juge la meilleure ; c'est ainsi que les socialistes encore partisans de la représentation voteront s'ils le veulent pour le pain gratuit, et que les abstentionnistes conscients s'abstiendront *utilement* en motivant leur opinion sur le pain gratuit ; et naturellement ceux-ci auront beaucoup plus d'action sur la masse que ceux-là, car ils peuvent manifester leur volonté toutes les fois que cela leur plaît, tandis que les partisans du vote sont obligés d'attendre certaines occasions et de s'en rapporter à des apparences trompeuses. Ils ont ainsi l'illusion d'agir et de vouloir. Nous ne nous dessaisirons pas de notre volonté, mais nous l'exprimerons nettement.

Enfin, voilà bien des zizanies et des tiraillements qui vont finir, et nous allons rapidement grouper les forces ouvrières sur le terrain des intérêts matériels, et comme nous sommes le nombre et la justice, par la nature même de notre revendication au droit à la vie sous une forme *incontestable*, nous espérons, pour notre part, contribuer à la grande clameur publique qui de tous les côtés va bientôt s'élever, et devant laquelle tout autre pouvoir devra s'abaisser.

Courage, camarades, et continuons la lutte d'une façon plus pressante que jamais, pour la liberté intégrale, en reprenant le grand cri des opprimés : « Du pain, d'abord ! »

Qu'il ne soit plus dit qu'on oblige l'homme à se soumettre pour ce misérable croûton. Quand nous aurons de droit, le pain libre et nécessaire, sans charité menteuse, par le bénéfice de la solidarité, nous serons bien prêts d'avoir le superflu : ce sera le point fixe où s'appuieront tous nos efforts, et, grâce à notre énergie et à l'entente des travailleurs encouragés par cette amélioration réelle de leur sort, notre masse enfin mise en mouvement brisera tous les obstacles qui s'opposent à son émancipation. Mais commençons et n'hésitons pas,

pour on ne sait quel scrupule théorique, à
faire le premier pas dans la voie de l'affranchissement.

Ne nous payons pas de mots, ne lâchons
pas l'action possible pour une ombre philoso-
phique.

Ne rêvons plus, agissons, chacun dans sa
sphère et suivant ses moyens.

PHILIPPE (d'Angers).

La Sociale.

QUELLE MERVEILLE !

Dans Athènes, jadis, un peuple heureux vivait sans soucis ; les esclaves travaillaient ; le gouvernement distribuait à la foule quelques poissons et quelques légumes qui suffisaient à sa sobriété. Les citoyens, débarrassés des basses préoccupations de l'existence, n'avaient plus qu'à philosopher, à politiquer, à jouir des beaux vers et du ciel bleu.

Chez nous, le ciel inclément et le caractère national obligeront toujours les hommes au travail, même si le pain quotidien leur est assuré. Mais le perfectionnement continu du machinisme et la merveilleuse utilisation des forces naturelles pourraient les décharger d'une partie de leur labeur.

S'ils avaient déjà *panem et circenses*, le

pain fourni par l'État et la comédie donnée par les politiciens, ils trouveraient plus facilement des loisirs pour rêver, pour se rendre meilleurs et plus heureux.

Comme les poètes sont, au fond, les plus raisonnables des hommes, cette proposition est la moins déraisonnable des propositions socialistes.

Et puis, qu'a-t-elle de si extraordinaire?

Elle consiste à mettre en commun ce que tous les habitants du pays consacrent à l'achat de leur pain quotidien, avec un inévitable supplément, pour en distribuer un morceau même aux malheureux qui n'auront pas contribué.

Or, est-ce qu'on ne nous fait pas contribuer, dans le budget, pour des sommes énormes à des services dont nous ne profitons pas tous? Est-ce qu'on ne nous prend pas des centaines de mille francs pour les théâtres subventionnés où nous ne sommes jamais admis, et des centaines de millions pour des écoles où nous n'envoyons pas nos enfants, soit parce que nous n'en avons pas, soit parce que nous ne voulons pas les laisser corrompre?

On nous tire de l'argent de toutes les façons pour une bienfaisance d'État qui ne soulage aucune misère, qui ne fait qu'entretenir une armée de bureaucrates, avec la horde des agents électoraux. Cet argent, nous le lâchons à regret, avec dépit. Nous donnerions de bien bon cœur quelques centimes de plus par livre de pain, pour que tout le monde en eût sa part.

Ce serait un beau spectacle, et dont l'humanité ne manquerait pas de s'enorgueillir, si l'on voyait aux approches du vingtième siècle, dans le plus généreux des pays civilisés, toutes les créatures humaines manger du pain.

Quelle merveille !

Urbain GOHIER.

Le Soleil, 7 février 1896.

EN RÉSUMÉ

L'idée du pain gratuit — dont je me suis
fait depuis longtemps le défenseur et qui a été
mise si vigoureusement en lumière par Victor Barrucand — fait peu à peu son chemin.
Voici qu'un projet de loi est déposé à la
Chambre par Clovis Hugues, dans le but d'autoriser les municipalités à organiser la gratuité du pain en service public.

On ne peut certes affirmer que cette proposition enlèvera d'emblée les suffrages de nos
honorables, mais il est bon qu'elle soit for-
mulée.

Nous connaissons d'avance les objections —
dites formidables — qui lui seront opposées,
et dont la principale est celle-ci :

— Du moment que la vie serait assurée à

tout le monde, nul ne travaillerait plus. C'en serait fait de l'industrie, du progrès, de la civilisation.

Pour moi, je prétends juste le contraire. D'abord, je demande combien de gens se contenteraient du morceau de pain réglementaire. Il en est bien peu qui ne voudraient pas au moins y joindre un petit morceau de fromage. Eh bien, ce serait pour le fromage qu'on travaillerait, et non plus pour le pain, non plus pour la vie elle-même. Le travail, dégagé de la coercition de la faim, n'en serait au contraire que plus vaillant et plus utile.

Mais remarquez encore ceci : pour que le pain soit acquis à la généralité, est-ce qu'il ne faut pas qu'il soit gagné? Et comment, sinon par le travail? Il faut donc de toute nécessité que tout le monde travaille. Seulement l'organisation sociale aurait ce premier résultat qu'il n'y aurait plus de fainéants ayant tout, tandis que les turbineurs n'ont rien.

Ce qui doit nous frapper avant tout, c'est que la faim est une souffrance, et que le premier devoir de la société est d'en garantir ses membres. Je dis que la nation la plus forte et

la plus humaine serait celle où la souffrance
par la faim serait ignorée et où par conséquent
le citoyen pourrait employer toutes ses énergies dans la voie du progrès réel.

Par malheur, tous ceux qui possèdent
aujourd'hui — oubliant que demain ils peuvent
glisser à la pire des misères — haussent les
épaules, et comme les gens du *Temps*, trouvent
l'idée ridicule.

Qu'on ne puisse pas mourir de faim ! Com-
prenez-vous qu'on ait une idée aussi bur-
lesque. Alors, que deviendraient les Rességuier
et autres Lebaudy qui ne vivent que de la mort
des autres !

UN PARISIEN.

Le Radical, 6 février 1896.

BONNE PROPAGANDE

Notre ami Clovis Hugues assistait, l'année dernière, à l'une des conférences où Victor Barrucand exposait, avec sa verve et son ingéniosité coutumières, l'idée du « Pain gratuit ».

Adoptant d'enthousiasme la conception si simple, et en même temps si grandiose, du jeune conférencier, Clovis Hugues prit l'engagement de la transformer en projet de loi et d'en saisir la Chambre des députés.

Ce n'était point un rêve de poète, ni une promesse électorale. Le pain gratuit a désormais une formule pratique que Victor Barrucand avait découpée préalablement en articles, comme il convient à la machine parlementaire, et qui fournira bientôt la base d'une très utile discussion.

En attendant que le « pain gratuit » soit discuté par la Chambre, Victor Barrucand continue en province son infatigable apostolat. Dans toutes les villes où il passe, des groupes se forment pour répandre l'idée dans le public non prévenu contre les formes pratiques du communisme, et pour y créer un grand courant d'opinion dont, le moment venu, les assemblées électives seront obligées de tenir compte.

Le « pain gratuit » sera porté au programme des élections municipales. Chacun, à défaut d'adhésion, donnera son avis motivé ; et peut-être le résultat est-il plus prochain que les préjugés régnants ne nous permettent de l'espérer.

Dans tous les cas, cette campagne est excellente, en ce qu'elle associe étroitement les citoyens à l'œuvre de réforme sociale ; elle montre que l'initiative individuelle est loin d'être impuissante et que l'action extérieure au Parlement est la première condition de tout progrès sérieux.

Maurice Charnay.

La Petite République, 9 février 1896.

AU PEUPLE (1)

___

La tactique des usurpateurs et des ambitieux a toujours été de DIVISER POUR RÉGNER.

TRAVAILLEURS !

« Ne soyez plus divisés sur des programmes politiques dont vous êtes le jouet.

« *Unissez-vous sur le terrain de vos intérêts.*

« N'attendons rien de la bonne volonté de personne, précisons la nôtre. Ne disons à aucun pouvoir extérieur : DONNEZ-NOUS NOTRE PAIN QUOTIDIEN, car la manne ne tombera plus du ciel ni des sphères gouvernementales, mais disons : DONNONS-NOUS... car, si nous le voulons,

___

(1) Affiche placardée dans les principales communes de France, à l'occasion des élections municipales du 3 mai 1896.

nous pouvons affirmer solidairement une vraie LIBERTÉ POUR TOUS.

« Rassemblons les bonnes volontés et les énergies éparses, et constituons le grand parti des hommes de cœur sur cette question du pain, qui proclame le DROIT A LA VIE, sans conditions humiliantes.

« Que, dans toutes les communes, le pain soit la chose de tous, comme l'eau des fontaines, l'éclairage des rues et leur entretien.

« Nous avons l'instruction gratuite qui ne profite qu'à ceux qui peuvent recevoir de l'instruction : Organisons plus justement le **Pain gratuit** pour le profit et la liberté de tous les travailleurs.

« Que le pain nécessaire à la vie soit un droit et non une aumône ; qu'il ne soit plus le prix dérisoire dont on paye le travailleur nourricier des riches. Abrogeons la loi de mort, inscrite en marge du code contre celui qui n'a pas trouvé à se vendre.

« Il faut que le peuple parle, haut et ferme ! Il faut qu'il exige !

« Ne votons plus pour des individus ni pour

des programmes compliqués. Votons le PAIN GRATUIT.

« Sur ce point, pas de divisions politiques : Soyons avec ceux qui sont avec nous et gardons-nous des faux philantropes qui promettent plus de beurre de pain.

« Commençons par le commencement : posons la première pierre de l'édifice social qui abritera nos enfants LIBRES ET RÉCONCILIÉS DANS LE BONHEUR COMMUN.

« Silence aux ambitieux qui ne voient dans la misère du Peuple qu'un moyen de parvenir.

« Remplaçons un epolitique de personnalités, si éloignée des intérêts de la masse, par une organisation de choses bellement humaines. Votons l'idée qui ne peut pas nous trahir.

« **Votons LE PAIN GRATUIT !** »

Victor **BARRUCAND**.

PETIT DIALOGUE

La conversation suivante a lieu à Angers entre un colporteur de journaux et un libertaire qui se proclame intransigeant :

L'INTRANSIGEANT. — Dis donc, t'as l'air de marcher en arrière : il n'y a pas longtemps tu disais que tout devrait être mis en commun. Et maintenant, tu sembles l'avoir oublié pour ne plus exiger que le pain. L'homme n'est pas seulement un ventre, il a bien d'autres besoins et désirs à satisfaire, et il doit être mis en situation de pouvoir les satisfaire tous, s'il n'y a pas d'empêchement naturel.

LE COLPORTEUR. — Que me chantes-tu là ? Je suis toujours partisan de ça. Je voudrais que chacun l'exige. Mais à ceux qui ne veulent rien exiger du tout, je dis : « Exigez donc au moins le pain ! » Et je suis sûr que quand ils l'exigeront, ils ne s'arrêteront pas là. C'est le point de départ et, une fois en route, comme la route sera belle et plaisante, on ne s'arrêtera pas, — sauf peut-être pour respirer un peu, afin de reprendre la marche avec plus de force et plus d'ardeur.

L'Intransigeant. — Ta, ta, ta ! je crois plutôt que si le peuple obtenait « ton pain gratuit, » il n'y aurait jamais plus de révolte, il se contenterait de ce peu. Moi, je ne veux pas de ça ! je voudrais au contraire que les patrons et les gouvernants ne lui donnent que du foin et des coups de fouet, ou de bâton, — au moins il se révolterait ! Et alors il pourrait tout culbuter, faire place nette, pour une société d'harmonie.

Le Colporteur. — Je doute fort que la grande misère produise l'effet que tu dis. Regarde autour de toi : ce sont justement les mieux rétribués, les plus libres, qui aspirent à l'être davantage ; tandis que ceux qui sont dans la misère noire semblent s'y complaire, ne réclament jamais rien, n'exigent rien, ne

savent guère que mendier et remercier bien
bas ceux qui les insultent de leur aumône.

L'Intransigeant. — Ça arrive souvent, mais
ce n'est pas une raison : c'est parce qu'ils ne
comprennent pas. Et il est tout aussi facile de
leur faire comprendre le tout qu'une partie ; et en
admettant que ça demande un peu plus de temps,
— on l'y mettra ce temps ! — rien ne nous re-
bute : nous combattrons sans répit pour une
chose si belle et si juste.

Le Colporteur. — Je fais de même. Seulement, la question est bien embrouillée : c'est
comme un écheveau emmêlé, — le pain gratuit
est le bout qu'il faut tirer. Surtout auprès de
ceux que le moindre travail de démêlement
épouvante.

L'Intransigeant. — Mais les socialistes, les
radicaux, tous les candidats vont mettre ça sur
leur programme ; ça repeindra leur blason, ça
redonnera de la vigueur au suffrage universel,
cette blague qui sert si bien de soupape de
sûreté à la société.

Le Colporteur. — Je suis d'un avis tout
contraire au tien : si tous les candidats
mettaient le pain gratuit sur leurs programmes,

ça nous servirait, d'abord parce que ça lancerait l'idée, mais surtout parce que ça les tuerait eux-mêmes : ils ne vivent que de politicailleries. Or, sous une forme simple, le pain gratuit est la négation formelle de la politique. Quand, un peu partout, les volontés populaires s'affirmeront sur l'idée du pain gratuit, la politique représentative n'en aura pas pour longtemps.

L'INTRANSIGEANT. — Même des anarchistes qui se sont toujours abstenus, et avec raison, parlent d'aller voter cette fois, pour le pain gratuit. Pourtant, si nous sommes libertaires, par conséquent abstentionnistes, c'est, non pas parce que telle ou telle personnalité nous déplaît, mais bien à cause que le vote en lui-même ne peut être qu'autoritaire. Que l'on vote directement pour une chose ou pour une autre, ce n'est pas parce qu'on sera mille à la vouloir, tandis qu'il y en aura cinq dans l'opposition, — ce n'est pas pour cela que cette chose sera juste. Nous ne voulons être gouvernés ni au nom du nombre, ni au nom de la raison, ni au nom de la science ; nous voulons que chacun apprenne à se connaître et à

14.

marcher seul par sa propre impulsion ; alors, nul ne gênera son voisin, afin de ne pas être gêné lui-même.

LE COLPORTEUR. — Mais je suis en plein de ton avis ! Seulement, tu confonds des choses différentes ; dans le vote, tel qu'on le pratique aujourd'hui, il y a deux choses distinctes : primo, l'affirmation d'une volonté ; secondo, la délégation de cette volonté.

Jamais personne n'a songé à blâmer la manifestation d'une volonté ; au contraire, ce dont nous nous plaignons tant et plus, c'est que le peuple manque de volonté, — et par cela même n'en manifeste pas.

La chose mauvaise, c'est la délégation, l'abdication de souveraineté qui s'opère aujourd'hui par le vote pour un individu. Ce qui te prouve que le fait de déposer un bulletin dans une tinette électorale n'est pas un acte aussi autoritaire que tu le dis, c'est que jusqu'ici il y a eu des copains qui, au lieu de s'asbtenir purement et simplement, votaient en blanc, — et personne ne songeait à les en blâmer. Donc, je le répète, en votant « pain gratuit » tu affirmes ton individualité, ta volonté, et tu

conserves intacte ta souveraineté : ce n'est pas
voter dans le sens d'abdication qu'on attache
à ce mot, c'est simplement faire voir ce qu'on
veut, ce qu'on désire.

Autre chose : si les lois et l'autorité étaient
demain remisées aux vieilles lunes, il faudrait
tout de même bien que les individus de tel en-
droit qui manqueraient de tel ou tel produit,
manifestent leur désir d'en avoir et le fassent
savoir aux camarades qui, ayant des produits
en question, en abondance, pourraient leur en
envoyer ?

En faisant ça, ils ne feraient acte de sou-
mission en rien. Eh bien, pour le pain gratuit
ce n'est que ça même : chacun doit manifester
sa volonté par tous les moyens, — et tant
qu'on se borne à cela, bien loin d'être un
acte d'autorité, c'est formellement un acte de
liberté qu'on accomplit.

Philippe (d'Angers).

La Sociale, 26 avril 1896.

PEUT-ÊTRE

Avec le pain voulu par la clameur publique, nous posons la question pour elle-même et entre les intéressés, sans tenir compte des retards politiques ; en parlant de cette liberté d'exister qui n'est pas encore un droit pour le *travailleur*, nous affichons le vice secret de notre économie sociale, et nous le faisons de la façon la plus simple et la plus évidente, si bien que LE PEUPLE DEVRAIT COMPRENDRE.

Mais le peuple ne comprend rien, objectent quelques-uns ; il ne comprendra pas que le droit à la vie commence avec le pain, car ce pain il le possède par son travail, et n'en est pas plus libre pour ça.

— Et voilà justement la question : actuellement ON PAIE LE TRAVAIL DE L'OUVRIER AVEC DU

PAIN et quelques maigres accessoires, comme on
nourrit une bête de somme ; mais du jour où
il aurait ce pain de droit, c'est-à-dire sans conditions forcées, il ne voudrait plus travailler
que POUR AUTRE CHOSE A Y AJOUTER, — et il
mangerait ainsi, peu à peu, la part du capitaliste.

— Vous avez sans doute indiscutablement
raison ; mais nous vous assurons encore que
le peuple ne vous comprendra jamais, PARCE
QUE C'EST TROP SIMPLE, et que le peuple n'estime que ce qui est nuageux, ronflant et pathé-
tique ; ainsi la politique qu'il aime le mieux,
c'est celle qui se rapproche le plus du mélo-
drame.

Voyez la qualité des pièces où il s'enthousiasme :

— C'est inutilement bête et incompréhen-
sible pour tout homme qui a des yeux pour
voir et des oreilles pour entendre ; vous retour-
neriez la cervelle la mieux équilibrée avant de
trouver le bout de ces pelotons de ficelle ; eh
bien... LE PEUPLE COMPREND.

— C'est le défaut de son caractère jeune de
n'être sensible qu'à des contes à dormir de-

bout, mais où vous voyez une preuve d'incapacité logique, nous voyons une preuve d'imagination. Certes, il a compris toutes les formules creuses dont on l'a nourri jusqu'ici, parce qu'il les a poétisées : le peuple est comme le soleil qui dore tout ce qu'il touche ; — il comprendra peut-être la question du pain, parce qu'elle est belle comme le culte des moissons, et ce lui sera d'autant plus facile qu'il n'aura qu'à se la rappeler. Quoi qu'il en soit, nous savons que sa jeunesse exaltée par le jeûne et l'alcool peut durer encore longtemps ; mais il vient un moment où les choses réelles ont aussi leur beauté.

Actuellement, les religieux et les mystagogues sont forts et leurs boniments font merveille, et l'on voit encore le peuple enfant cueillir l'espérance sur le bord des tombes ; mais la route est infinie et peut-être que demain, à un détour inattendu, il verra soudain que la terre existe, et qu'elle est à lui comme il est à elle.

Qui sait ?

TABLE

DEUXIÈME PARTIE

L'ÉCHO PUBLIC

Paris. — Imprimerie PAUL DUPONT (Cl.) 321.4.96

CHAMUEL Éditeur, 5, Rue de Savoie, PARIS

Paris.